# どんな人でも
# 心が軽くなる
# 処方箋

淺野高広 著

セルバ出版

# はじめに

私は、企業に勤める社員の方や経営者、一般の方向けにメンタルコーチング、カウンセリング、心理セラピーを行う活動をしています。

仕事に関する相談はもちろんのこと、子育て中の方や、学生さんやお子さんに対しての相談にのることもあり、対象は老若男女さまざまです。

どのような方を対象に行った場合も、面談で出てくる悩みは、人間関係の問題がほとんど。過酷な環境・状況の中で追い詰められて、話をしているうちに思いが溢れ、泣き出してしまう人もいました。

そこでメンタルコーチングや心理セラピーを行い　精神的な負荷に対してケアをしていくと、目が輝き、声にハリが出て、顔色もよくなっていきます。1人ひとりの気持ちがどんどん前向きになっていくのが見ていてもわかります。中には自分の才能を開花させる人などもあらわれ、大きな変化につながっています。

また、社員の方が元気になって生産性が上がることで、会社の大きな業績アップにつながっていく事例もたくさん見てきました。

クライアントさんからは、次のような感想をいただいています。

✓感想を一言でいうと、「めちゃめちゃ楽しかった」です。
✓今の悩みが違う見方をすることによって、ワクワクに変わりました。
✓動けなくなるには、理由があり、無理に頑張ろうとすると余計に難しく感じる仕組みが理解できました。
✓自分の中心とつながった感覚が戻りました。
✓自分が本当にやりたいこと。なりたいこと。自己肯定感がわき、心に、ビビッときました。純粋に嬉しくなりました。
✓過去を思い出さなくても回復できる道があるということに感動しました。
✓落ち込んだり悩んだりすることがあっても、一瞬であのときの幸福感を味わえて、心地よい状態の自分に戻れることがわかりました。
✓苦しくなったときは、今日つながった安心に包まれた世界を思い出そうと思います。
✓自分の考え方のクセがわかって、やりたいことができるように変わっていけました。
✓「これ、次から使える！」というスキルを教えてもらえて心が軽くなりました。
✓不思議な体験だったけれど、体の不調な部分が本当に楽になりました。

✓深く深く、癒やされました。本当にありがとうございました。

ご紹介した声は、初対面で90分のセッションを受けられた方からいただいたものです。セッション自体は単発で行うことも、数ケ月、数年に渡って継続的に行うこともあります。基本のセッションは90分／回ですが、5時間のロングセッションでクライアントさんの深いところまで掘り下げてケアをしていくこともあります。

たった1回のセッションで大きな気づきを得て変わる方もいますし、セッションを続けることで、より大きな変化を確固たるものにしていく方もいます。

心に不調を抱えている人のさまざまなケースとその改善方法について、のべ1万人以上のクライアントさんと一対一で向き合ってきた実践経験を持っています。具体的には、次のようなケースに対して改善事例があります。

**[思考のクセの改善]**

ネガティブ思考、マイナス思考、イライラ、悩みが止まらない、など。

［こころの改善］

不安、恐れ、ドキドキ、緊張、孤独感、無価値感、など。

［身体問題の軽減］（病気以外の精神からくるもの）

パニック、声の問題、しびれ、身体の違和感、神経症、など。

［人間関係の改善］

仕事場での人間関係、対人恐怖症、人前でのあがり症、など。

コロナ禍で社会がガラリと変わりました。大きな環境の変化で、心身に不調を抱える人が増えている現代社会では、心のケアがより必要になっています。特に近年は、対面セッションはもちろんのこと、オンライン、電話、メール、ＬＩＮＥなど、状況に応じてさまざまな形でクライアントさんに向き合っています。

私は、教科書にはない8年間の実践経験を活かしたセッション方法を、多くの人に伝え広めていきたいと考えるようになり、スクールを立ち上げました。

人間関係から生きづらさまで、さまざまな悩みで苦しむ人を助け、『心豊かで望ましい人生』を送れる人を増やしたいと考えています。そして、世の中の人々の心のケアに貢献したいと思い、本書を書きました。

今、自分自身が悩みを抱えているという人はもちろんのこと。悩みを抱える人を支える方や、カウンセラーの方にも、本書を役立てていただけたらうれしいです。

2023年5月

浅野　高広

どんな人でも心が軽くなる処方箋　目次

## 第2章　家族・夫婦関係・対人関係で悩むユミさんのケース



## 第3章　大切なことだとわかっていても行動できないハルトさんのケース

## 第4章　仕事が辛くてひたすら我慢、体調を壊してしまったカナコさんのケース

## 第５章　不安と緊張で自信が持てないヨシキさんのケース

## 第6章　生きることがもっと楽しくなる8つの習慣

# 序章

# ウォーミングアップ（本書の使い方）

# 人生の主導権を握る

## 自分のこれまでの人生は自分が選んだ道との意識で

今、自分の抱えているモヤモヤをスッキリさせたい。悩みを解消したい、課題を解決したい、目指す目標に向かい前に進みたい、など。それぞれの思いを持って、みなさんは本書を手にとってくれていることと思います。

私はさまざまな方と接してきて、大きな変容を遂げたクライアントさんをたくさん見てきました。喜びの声も数多くいただき、そんなクライアントさんの笑顔に触れることが、私にとってももっとも嬉しいことです。

私がコーチング、心理セラピーをするとき、セッションの前に必ずみなさんにお伝えしていることがあります。日頃から意識していただきたいことですが、まずは本書を読んでいる間だけでも意識してみてください。

それは、「自分のこれまでの人生は、自分が選択してきた道」だと考えてみることです。

そして、「これからの人生も、自分自身の選択によって決まる」ということです。

まずはこれを前提としてしっかり理解していきましょう。

前提は自分で設定できますが、この前提があるかないかで本書の受け取り方や、その後の効果は全く違うものになっていきます。

だからこそ、本書を読み、試すときだけでも、この前提条件を自分の中に落とし込んで、実践に移して、効果を確実なものにしていただきたいのです。

これが、セルフセラピーの第一歩であり、「どんな人でも心が軽くなる」ための近道になるため、最初にお伝えさせていただきました。

「うちは毒親だったから…」、「パートナーのDVが本当にひどくて…」、「誰もが認めるブラック企業だから…」など。大変な状況に置かれている人もきっといると思います。

親も子どもも選べないですし、経済状況もさまざま。容姿や身体能力、頭脳なども遺伝の影響があるといえるでしょう。会社に入ってみたら、「こんなはずじゃなかった」、結婚してみて「こんな人だと思わなかった」なんてこともあるかもしれません。誰かのせいや、何かのせいにしたいこともありますよね。私もありました。その感情は受けとめて、我慢する必要もありません。

## 原因を自分において行動する

でも、今はセルフセラピーで効果を出すために、せめて本書を読み終えるまでは、「〇〇のせい」という思いを手放してください。

〔図表1　すべては自己責任〕

なぜなら、ここが変わらない限り、永遠にあなたの悩みや問題は解決できなくなってしまうからです。「○○のせい」を抱えている状態は、結果を外部に依存している状態といえるでしょう。

時間は誰にとっても平等に流れており、この中でどんな選択をしてどう動くかは自分次第なのです。

まずは、「自分には何ができるか」「自分は何をすべきか」を考えること。原因を「自分」において行動してみてください。

「○○のせい」だと考えて、自分の力の及ばないところにエネルギーを消耗するのはもったいないです。

誰にとっても平等に流れている時間を無駄にしてしまうことのないように。すべてを「自己責任」として今の自分を見ることが、望ましい結果を出すための近道です。それが、自分の人生の主導権を握るための大前提だということをおさえておきましょう。

**★本書の使い方のポイント①★**

「～のせい」を手放す、原因を「自分」に置いて読む

# 気づきを行動に移す

## 行動の積み重ねによって、気づきを大きな力に変えていく

本を読んだり、テレビやラジオ、YouTubeなどで情報を得たり、私たちは日頃からたくさんの情報に触れています。その中で、よい話を見たり、聞いたり、もしくは誰かと話したりする中で、「ハッ」と大きな気づきを得た経験、恐らく誰もがあるのではないでしょうか。

そのときは、自分が学びを得て、大きく成長した気になることがあります。もしくは、悩みが一気に解決したような気にもなるかもしれません。

しかし、感動にも近い大きな「気づき」を味わったのも束の間、日常に戻ったら、何も変わっていない自分がいる…これは、とてもよくある話です。

どれだけ勉強しても、誰かに相談しても、たくさんの気づきを得ても、何も変わらない。それを打破する方法はたった1つ。それは、「行動に移すこと」です。

本書は、みなさんに気づきを与えることができます。そして、みなさんはその気づきを行動に移

〔図表2　コーチングで得た気づきを日常に活用し変化させる〕

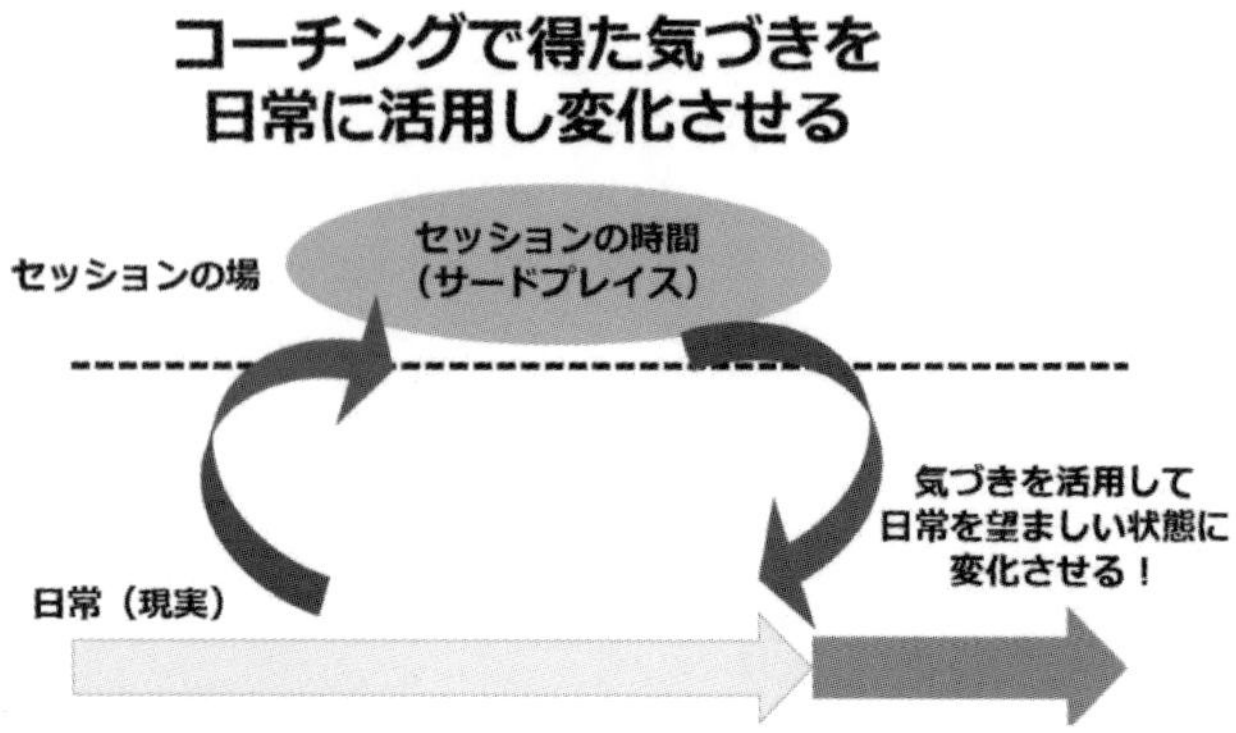


すことで、日常がよりよく変化していきます。

クライアントさんを見ていても、楽になる人ほど、よりよく変化する人ほど、行動に移していました。ですので、「これは使える！」「これならできるかも！」というものがあったら、ぜひ行動に移してみてください。

どこまで、何をやるかは自分の選択。すべてを変えるのは難しいかもしれませんが、何か1つでも2つでも大丈夫。行動に移すことで、必ず何らかのフィードバックが得られます。

毎日の小さな「＋α」が大きな違いを生み出します。毎日、1％を積み重ねたと考えてみましょう。これを1年続けたとして、1・01を365乗すると、37・8という大きな数字、大きな力になります。

逆に毎日1％サボり続けた場合、0・99を365乗すると0・03という小さな数字、小さな力になってしまうのです。

まずは小さなこと、1つでもよいので、できることを実践してみてください。行動の積み重ねによって、気づきを大きな力に変えていきましょう。

**★本書の使い方のポイント①★**

小さなことでも大丈夫！　まずは「行動」に移す

# 自分の悩みや問題はどの段階？

### クライアントさんの状態を把握する

心を軽くしたいと考えたとき、心理セラピーやコーチングなどで解決のための手法を求める方は多いのではないでしょうか。しかし、もっとも大切で、最初にやっていただきたいことは、「あなたが今、どの状態にいるか」を把握することです。

たとえば、「頑張って！」と誰かから励まされたとき。そのときの状況によって「よし！　頑張ろう」と思えるときもあれば、「そんなこと言われても…」と、苛立ったり、落ち込んだりしてしまうときはないでしょうか。相手はよかれと思って声をかけていたとしても、受取り手の状況によって、同じ言葉が毒にも薬にもなることがあります。

私はクライアントさんの状態を4段階にわけて、言葉を選ぶようにしています。ここではわかりやすくするために、動物に例えてご紹介します。

**【アルマジロ】すべてに対してあきらめモード、落ち込んでいる状態**

〈見分け方〉

・「頑張れ」と言われても辛い。もしくは、言葉が一切入ってこない。
・ストレスで眠れない、喉が詰まる、胸が苦しい、お腹が痛いなど、何らかの身体症状があらわれている。
・すべての物事から目を背けたい気持ちになっている。

**【カメ】後ろ向きに悩んでいる状態**

〈見分け方〉

・「頑張れ」と言われてもやる気が出ない。頑張れない。
・人の目が気になる
・人を見て自分がダメな人だと思えてしまう
・言いたいことが言えない、自信がない。

**【ウサギ】前向きに悩んでいる状態**

〈見分け方〉

・「頑張れ」と言われて、「何とかしよう」「頑張らなければ」と思う。

・悩みはあるが、目標に対して障壁をのりこえようとするエネルギーがある。

**【カンガルー】課題に向き合って前向きに進んでいる状態**

〈見分け方〉

・「頑張れ」と言われて、「やるぞ！」と思う。

・悩みがあっても、自分のやるべきことが明確になっている。

たとえば、よかれと思ってアルマジロの状態の人に「頑張れ！」と言っても、言われた本人は辛くなってしまいます。励ましたつもりが本人を追い込むような形となり、逆効果になってしまうということに。

また、自分自身がアルマジロの状態のときに、必要以上に自分を鼓舞する言葉をかけるのもマイナスになります。

このときに必要なのは「自己受容」で、今の状況を受け入れ、既に頑張っている自分をきちんと認めてあげることが大切です。

ウサギやカンガルーの人は、「頑張れ！」の言葉をプラスのエネルギーに変えられる状態。この状態の人には応援の言葉をかけてもよいですし、自分で自分を鼓舞する言葉を投げかけ、行動に移してもよいでしょう。

人は1日の間に6万回以上の自己対話をすると言われています。「お腹がすいた」「疲れた」「暑い」「寒い」「うれしい」「楽しい」など、声に出さなくても心の中で思っている言葉があるはず。

毎日の自己対話の中で、今の自分の状態に合わない言葉を投げかけてしまうと、悩みが深くなってしまいます。

今の自分に合った言葉を自分に投げかけ、相手から受け取る言葉も、自分のエネルギーになる言葉だけを受け取るようにしましょう。

本書では、今の自分の状態に合わせて「使いたい言葉・行動」「避けたい言葉・行動」をご紹介しています。毎日6万回以上繰り返される自己対話はとてもパワフルです。ぜひ、自分が喜ぶ言葉を投げかけ、行動し、自分で自分を元気にしてあげてください。

**★本書の使い方のポイント①★**

「今の自分」に合う言葉・行動で、自分を元気にする

# 第1章
# 自分を好きになれない
# ヒロコさんのケース

## スタートは外見のコンプレックス

**ヒロコさん（38歳・会社員）**

物心ついた頃から、私は自分の容姿にコンプレックスを抱えていました。昔の写真を見返してみても、ムスッとした顔でカメラをにらみつけているものが多いです。どんな子でも小さな子どもは可愛いものですが、「可愛い」と言われた記憶が残っていません。

子どもの頃、母と一緒に洋服を選びに行ったときに、華やかな柄のものを選ぼうとすると「みっともないからやめなさい」と言われていました。私には華やかな服装は似合わないと思い、いつも地味な服を選ぶようになっていました。

近所に住む、幼なじみのAちゃんは、お人形さんみたいに可愛い子でした。ただでさえ可愛い上に、いつもニコニコしていて愛想もよかったAちゃん。よく母は、私の前でAちゃんのお母さんに「Aちゃんは可愛いから…」と言っていました。

母としては、コミュニケーションの1つとして、よその家の子を褒めていたのだと思います。ただ、私としては「それに比べてうちの子は可愛くない」と言われている気がして、ますます自分は可愛くない、という思いを強めていました。

## 「うちはデブ家系だから…」

我が家は、父、母、姉、私、みんなポッチャリ体型でした。家にはお菓子が常備されていて、朝昼晩きっちり毎食お腹いっぱい食べていたから、当然の結果です。母がよく言っていた言葉は、「うちはデブ家系だから…」

もちろん、ダイエットを試みたこともあります。でも、数キログラム痩せて、またリバウンドを繰り返し、リバウンドをするたびに「やっぱり私はダメなんだ」という自己嫌悪を強めていきました。

父から言われていた「オレゆずりの小さな目だから」の言葉。母から言われた「私に似て、肌がキレイじゃない」という言葉。親としては、遺伝だから仕方ないということなのかもしれないけど、どんどん容姿に対してのコンプレックスが強化されていきました。

## 「ブス！」の言葉が頭から離れない

小学校高学年のとき、クラスの男子から「ブス！」と言われました。ちょっとした言い合いの中の一言だったのに、その言葉がずっとずっと頭からはなれません。

中学校に上がってから、道端で知らない男子高校生から「ブス！」と言われました。

何もしていないのに、突然言われた「ブス」という言葉は、しっかり私の心にこびりついていきました。

高校生になって、男女4人のグループで学祭の相談をしていたときのこと。グループの女子が意見を言ったら場が盛り上がり、その後に私が発言したら、男子2人が無言になりました。

「あ、私がブスだからだ…」

そう思って、それから怖くて男子と話せなくなってしまいました。

誰かが笑っていると、自分の容姿をバカにして笑っているように思ってしまう。何かうまくいかないことがあると「容姿が悪いから仕方ない」と考えるようになりました。

「私には魅力がない。私には価値がない」

そう思って、ずっと目立たないように過ごすように。とは言うものの、親のもとを離れて社会人になった頃からは、メイクやファッションを工夫し、昔に比べたらまともになったとは思います。

ただ、9回言われた褒め言葉より、1回言われた否定的な言葉や態度にも深く傷つき、いつまでも引きずってしまいます。

「いい人そう」などと仮に褒められても「容姿が悪くて褒めるところがないから、そう言っているんだ」とマイナスに受けとめてしまいます。

自分で自分のことが好きになれません。

周りのキラキラした女性達がうらやましくて仕方がないけど、何をやるにも自信がなく、どうせ私がやっても…と思い、行動できないです。

**このときの状態は？**

【カメ】後ろ向きに悩んでいる状態

〈自分との接し方のポイント〉

・無理に頑張らない。

・思考がアンバランスになっていることに気づく。

**このときの問題点は？**

□「認知システム」のゆがみ

関係ないことまで、自分のコンプレックスに結びつけてしまう。

□ネガティブな情報を自分で増幅させている

意識がネガティブに向いていることで、よりネガティブな気持ちを強めてしまっている。

## 自分のことが好きになれないヒロコさんへの処方箋

自分のことが好きになれないヒロコさんへの処方箋は、次のとおりです。

## 「自分の一番の味方は自分であることを認識する」

### 自分を癒せるのは自分だけ

「自分の一番の味方は自分であることを認識する」と言われても、ピンとこないかもしれません。ほとんどの人は、自分はきちんと自分の味方をしていると思っているのではないでしょうか。

ヒロコさんは「何をやるにも自信がない」と言われていました。よくカウンセリングなどでクライアントさんの口から出てくる「自信がない」という言葉。これは、「自分の味方になれていない」という状態が表にあらわれた言葉ともいえます。

「自信がない」というのは、「自分を信じてない」ということになります。自分を癒やせるのは自分だけ。まずは、自分自身を信じてあげることが、自分の味方になる最初のステップになっていきます。特に「自分のことを好きではない」と思う人は、自分を信じてあげられているかを振り返ってみましょう。

### 陸上競技選手ジェシー・オーエンス

少し歴史をさかのぼる話になりますが、戦前に陸上競技で活躍したアメリカ人、ジェシー・オーエンスという選手がいます。

先祖は黒人奴隷、貧しい家庭の10人兄弟に９番目として生まれ、子どもの頃から働きながらトレーニングをしていました。

中学時代に才能を見いだされ、激しい黒人差別にさらされながらも、全米トップクラスの選手になりました。

１９３６年に開かれたベルリン五輪は、ヒトラーがナチスドイツの偉大さを誇示したいと考えていた大会でした。その中でもジェシーは４種目で金メダルを獲得するという偉業を成し遂げました。ヒトラーとしては、黒人選手の活躍が面白くありません。しかし、ジェシーはそんな思惑をもろともせず、自分の本来の力を存分に発揮し、世界中にその名を知らしめたのです。

ジェシーは「走っている10秒は黒人も白人もない。速いか遅いだけだ」そう思い、全力で自分を信じ、自分のできることに集中していたのです。

誰に何を言われようと、自分を信じて自分の目標に向かっていく。ある意味、ジェシーが「自分の一番の味方は、自分であることを認識する」の理想型とも言えるかもしれません。

自分のことを好きになる。

どんな自分でも受け入れる。

自分を癒やせるのは自分だけ。

**枠組みで受けとめる**

まず始めには、ここがゴールになることを頭に入れて、次のＳＴＥＰ１〜３を進めていきましょう。

ＳＴＥＰ１／「Ｘ＝Ｙ」を疑う
ＳＴＥＰ２／自分自身とコンプレックスを分離する
ＳＴＥＰ３／仲良くなって、感謝する（リフレーミング・ラベリング・ラポール）

## ＳＴＥＰ１／思い込み「Ｘ＝Ｙ」を疑う

**「Ｘ＝Ｙ」とは**

「Ｘ＝Ｙ」というのは、人が無意識にしている思い込みのことを言います。

ヒロコさんの場合だと、容姿が悪いから（Ｘ）、私には価値がない（Ｙ）と思い込んでいます。知らない間に、自分に「Ｘ＝Ｙ」で制限をかけてしまっていることがないかを疑ってみましょう。

太っているから、可愛くない。容姿が悪いから、モテない。学歴がないから、出世できない。これといった才能がないから、不幸だ…これらはすべて、無意識で自分に「Ｘ＝Ｙ」で制限をかけている例です。

## 「X＝Y」ではない事例を、たくさん集める

自分の「X＝Y」の制限を見つけたら、「X＝Y」が成り立たない事例を集めてみましょう。

太っているから（X）、可愛くない（Y）という自分の制限に気づいたら、太っていても、可愛くて魅力的な女性タレントさんを見つけてみること。

また、容姿端麗の俳優さんや才能をもった有名人が、犯罪などで捕まったというニュースを耳にすることもあるのではないでしょうか。

美しいことや才能あることが、必ずしも幸せとは限らない事例も見つかるでしょう。

「X＝Y」ではない事例を、たくさん集められると、自分で自分にかけている制限を緩められるようになるはずです。

## ヒロコさんのケースを見ると

ヒロコさんのケースを見ると、高校生のときに「ブスが発言したから（X）、男子が無言になった（Y）」と言われていました。

これは、Xに原因があるとは考えにくいです。少しズレたことを言っていたからなど、コミュニケーションの問題を疑うほうが自然ではないでしょうか。

「誰かが笑っていると、自分の容姿をバカにして笑われているように思ってしまう」というのも

同様です。目の前で起きていることを、勝手にコンプレックスと紐付けてしまっている現象です。

強いコンプレックスがあると、うまくいかないことが起きるたびに、原因を自分のコンプレックスに 紐付けてしまうことがあります。

まずは、自分が無意識に紐付けてしまっているコンプレックスに気づくことが大切です。そして、「X＝Y」「コンプレックス＝うまくいかないこと」になってしまっているなら、そこを引き離していきましょう。

もし仮に、標準体重よりもやや太め、ポッチャリ体型だと自覚のあるヒロコさんが「スリムですね」と言われたらどう思うでしょうか。

恐らく、自分のことだと思わず、聞き流してしまうのではないでしょうか。または、嫌みを言われたと思うかもしれません。

この言葉を素直に受け取ることはできないでしょう。

ただ、環境が変わると意味が変わってくることもあります。

アメリカ人女性の平均体重は70kg台。恐らく、ヒロコさんがアメリカに行ったら、相対的に「スリム」な方になるのではないでしょうか。

アメリカに行って大柄の人に囲まれていたら「スリムだね」と言われた言葉も、素直に受け取れるはずです。

自分の中に「スリム」だという思いがないと、「スリム」という言葉は受け取ることができません。逆に、自分が思っていれば、その言葉を受け取ることができるのです。

## 関係ないこともコンプレックスに紐付けてネガティブな感情を太くしてしまう

人は、生きている中で目や耳、鼻や肌の感覚など五感を通して大量の情報を受け取っています。その量は1秒間で40億ビットと言われていますが、人が意識的に処理できる情報は2000ビット。

正確な数字については色々な説がありますが、膨大な量の情報から人が受け取れるのはごく一部の情報だということをおさえてください。

たとえば、自分が妊娠を意識したり、パートナーが妊娠したりすると、街でたくさんの妊婦さんに出会うようになる…というのはよくある話のようです。

妊婦さんの絶対量は増えていないのに、自分の中で妊婦さんの存在を意識するアンテナが立つと、意識がそこに集まり、以前よりも多く感じるという原理です。

欲しいブランドのバッグがあると、街でそのバッグを持っている人を見かけるたびに目で追ってしまう、持っている人が多いなと感じるのもその作用といえるでしょう。

人は、無意識に欲しいモノの情報を収集しています。そして、自分に関するコンプレックスも無意識のうちに情報を集めて、自分自身で強化していることもあるのです。

ヒロコさんのケースでは、特に容姿に関してネガティブな意識を持ち続けてきました。そして、関係ないことも、コンプレックスに紐付けて、さらにネガティブな感情を太くしてしまっています。

このようになってしまっている方に行ってほしいのが、STEP2「自分自身とコンプレックスを分離する」です。

## STEP2／自分自身とコンプレックスを分離する

### 自分自身とコンプレックスを分ける第1歩は

自分自身とコンプレックスを分けるための第1歩目は、「自分がコンプレックスだと感じている」のを認めることです。

ヒロコさんのように、容姿に対してネガティブに捉えている場合に、「容姿が悪いから（X）、私には価値がない（Y）」としてしまうと、自分の存在そのものを否定することになってしまいます。

〔図表3　自分の気持ち　「容姿が悪い」に繋がる？〕

## 自分がどう感じているか？

○長所だと思う　×短所だと思う　△どちらとも思わない

| | | |
|---|---|---|
| 目が小さい | × | 小さくてもキレイな人はいる |
| 眉毛が濃い | ○ | 濃いものはカットして調整できる強みがある |
| 団子鼻 | × | 団子鼻でも愛らしい顔の人もいるけど・・・ |
| 口が小さい | △ | 小さくてもキレイな人はいる |
| 肌のキメが荒い | × | 肌が強いメリットもある |
| 足が短い | × | 短くてもキレイな人はいる |

容姿と人格は別のものですし、容姿を構成する要素もたくさんあります。ここでは、容姿を構成するものを「パート」と呼びます。

多数のパートによって容姿は構成されていますが、すべてのパートが「悪い」わけではないはずです。

全部を否定するのではなく、コンプレックスを感じている容姿を丁寧に分解して、どのパートに対して自分がどう思っているのかを観察します。

たとえば、目が小さい、団子鼻、肌のキメが荒い、足が短いなど、自分がネガティブに捉えているところがあれば書き出してみましょう。

自分の容姿全体を否定するのではなく、パートごとに○×をつけていくようなイメージです。

パートごとに見ていくと、必ず長所となるパートも出てくるはずです。長所もきちんと見つけて、認めてあげるようにしましょう。

## ネガティブに感じている要素を特定する

すべて書き出したら、ネガティブに感じているパートに対して、ここでも「目が小さいから（X）、容姿が悪い（Y）」のような「X＝Y」が起きていないか観察しましょう。

目が小さいから、団子鼻だから…これらを丁寧に見ていくと、すべて「容姿が悪い」にはつながるとは限らないことがわかってきます。

目が小さくても、美人な人もいます。団子鼻でも愛らしい顔の人もいます。イケメン俳優で足の短い人もいるでしょう。女性であれば、ハイウエストの服着たり、ハイヒールを履いたりしてわからなくなっている人も多いかもしれません。

パートの1つひとつに、STEP1でお伝えした「X＝Y」を疑ってみてください。

その上で、自分がどうしてもネガティブに感じている要素、パートがあれば、それを特定します。どうしても気になってしまうパートに対して、STEP3を行います。

## STEP3／仲良くなって感謝する（リフレーミング・ラベリング・ラポール）

具体的には、①リフレーミング、②ラベリング、③ラポール、の順で進めます。

聞き慣れない言葉かもしれないので、順番に用語についても解説していきます。

## リフレーミング

ＳＴＥＰ２で、自分自身とコンプレックスを分離しても、どうしても気になってしまうパートがあった場合にリフレーミングを行います。

ここでは「団子鼻」が気になる場合にどのように対処するかをお伝えします。

顔の真ん中に鎮座する大きな団子鼻がどうしても好きになれない場合は、どのようにすればよいでしょうか。

まずは、この鼻であったことによってもたらされたメリットを考えましょう。どんな些細なことでも大丈夫。ヒロコさんの事例であげると、次になりました。

・鼻が大きいことで親しみやすい顔であること
・人生を容姿で勝負できないと思い、勉強を頑張ってきた
・「ちやほやされて調子に乗る」という経験がないおかげで、自立ができた

自分がネガティブに捉えていることも、丁寧にメリットを探すことで、よい意味があったことに気づけるのではないでしょうか。

同じ事象を別の枠組み（フレーム）で捉えることを「リフレーミング」と言います。

私たちは普段から無意識に出来事や、言葉や、行動に枠組みをかけて意味づけしています。

自分がネガティブに捉えていることも、別の側面で見るとポジティブな面をもっていることもあ

ります。

今は容姿を題材にしてお話をしましたが、リフレーミングはこんな場面でも使えます。

たとえば、上司に厳しい指摘をされたときに「上司は怒っている」という枠組みで見ている人は、「自分はいつも怒られている」など意味づけしていきます。

でも、上司に厳しい指摘をされたときに「上司は自分のことを考えてくれている」という枠組みで見ている人は「気にかけてくれている」と意味づけしているので、見え方も違ってきます。

ポイントは、この枠組みをつくっているのは「無意識」だと言うことです。

ヒロコさんの場合は、常に物事を「私は容姿が悪い」という枠組みで見ていました。

この枠組みを持っているから、お店に入ったときに店員さんから冷たくあしらわれると、「容姿の悪い私は、人から好かれない」などと思い、必要以上にコンプレックスを強化してしまう可能性があります。

たとえば、店員さんから冷たくあしらわれたと感じたときに、「この人は何かイヤなことがあったのかな?」とか「私の態度に何か問題はないか」などの枠組みで捉えたら、見え方が違うはずです。

自分が受け取る意味が変われば、その後の気持ちも行動も変わっていきます。

たとえば、「自分に話しかけてくる人は、キレイなお花を届けてくれている」といった枠組みで受けとめると、ポジティブな側面に目を向けやすくなるかもしれません。

## ラベリング

リフレーミングができたら、今度は名前をつけてあげます。これが「ラベリング」です。

「ラベリング」とは、人や物事に対して、ラベル（レッテル）を貼ることで、行動などに心理的影響を与えることです。

よいラベリングも悪いラベリングも存在しますが、ここではよいラベリングを目指していきましょう。

自分にとって愛着の湧く名前なら、何でもいいです。私のコンプレックスである歯並びなら、八重歯の「やえちゃん」とか。自分だけのものなので、自分が愛おしく思える名前、自分に取って心地よい名前ならどんなものでもいいです。

ヒロコさんの場合は、自分の鼻に「エイちゃん」と名づけたそうです。

大好きだったお祖父さんの「エイちゃん」の鼻に、自分の鼻がそっくり。

他のパーツは違っても、この鼻はお祖父さんの遺伝であるとのこと。

鼻の見かけは別にして、小さな頃からヒロコさんのことをすごく可愛がってくれたお祖父さんのことは大好きだったので「エイちゃん」としたそうです。

自分がネガティブに感じていたパートのポジティブな側面をみつけて（リフレーミング）、愛着の湧く名前をつけてあげる（ラベリング）。そうすると、パートと仲良くなれる気がしませんか？

## ラポール

このように、仲良くなる、信頼関係をつくるのが「ラポール」です。

自分自身のパートとラポールをつくることが、自分自身と仲良くなることにもつながります。これが、最初にお伝えした、

自分のことを好きになる。

どんな自分でも受け入れる。

につながります。

そして、最後に「感謝」です。

自分を癒やせるのは自分だけ。

感謝をすることが自分への癒やしにつながっていきます。

感謝の心をもったほうがよいというのは、感覚的にわかっている人も多いかもしれません。そのために、日頃どんなことに感謝をしているでしょうか？

誰かに何かをしてもらったことに対して、生み育ててくれた両親に対して、家があり、食べ物があり、本書を読むことができる目があることに対して…探していくと感謝は無限に出てきます。

人間は、1秒間に40億ビットの情報を受け取り、その中で意識的に処理できるのは2000ビットとお伝えしました。「感謝」のアンテナを立てていると、感謝できることをたくさん受け取れる

ようになります。

感謝できることを考えたとき、誰かに何かしてもらったときはもちろんのこと。目の前にあるものから、その背景を意識すると、本当に多くの人のおかげで自分は生きていることを感じられ、感謝できると思います。

たとえば、何かを食べるときは、食事と材料となる素材、野菜などをつくった人への感謝。運んでいる人、販売している人、料理をつくる人など、さまざまな人のおかげで自分はその食事を食べることができています。

物に対しても同じように感謝できます。使っている筆記用具、住んでいる家、道路など、つくってくれた人がいるから、自分はそれらを使って暮らすことができています。水、空気、緑など、自然に対しても同じように感謝できます。さらに、今だけでなく過去の出来事や、過去に出会った人への感謝。もっと広げていくならば、これから会う人や届くメール、届く物。未来に達成する願望に対して感謝してもよいです。

## おすすめの方法は紙に書くこと

感謝が増えれば増えるほど、自分の心が癒やされ、整っていきます。

これは、言葉で説明するよりも、実践してみることで、想像以上に効果を実感できると思います。

そして、ただ「感謝」をするだけでもよいのですが、おすすめの方法は、「紙に書き出す」こと。私の場合は朝晩で、感謝を10個書き出すというのをやっていました。

このやり方でなくても、自分がやりやすくて続けやすい方法で大丈夫です。非公開のSNSで感謝の記録をつける、スマホのメモ機能にいれていくなどでもよいでしょう。

手軽にできて、お金もかからない方法なので、ぜひ試してみてください。

## 第1章まとめ・実践のヒント

「自分の1番の味方は、自分であることを認識する」

【実践】
自分のことを好きになる。
どんな自分でも受け入れる。
自分を癒やせるのは自分だけ。
ゴールがここであることを意識します。

**STEP1／思い込み「X＝Y」を疑う**

【実践】

「上手くいかないこと（Y）」が起きたときの原因を、「自分のコンプレックス（X）」に紐付けていないかを疑ってみましょう。

**Q** 「あなたのコンプレックス（X）は何ですか？

|  |
| --- |
|  |

**Q** 「自分のコンプレックス（X）のせいで上手くいかなかった（Y）」と思うことはありますか？もしあれば、それは何ですか？

|  |
| --- |
|  |

**Q** 上手くいかなかった（Y）ことの原因は本当に自分のコンプレックス（X）？　それ以外に要因があるとしたら何ですか？

|  |
| --- |
|  |

**STEP2／自分自身とコンプレックスを分離する**

【実践】

コンプレックス（X）と自分の存在そのもの・人格・能力などを別物として切り離します。

その上で、コンプレックスは自分の構成要素のうち、どのパートなのかを丁寧に観察します。

Q 「具体的に」どこのパートがコンプレックスですか？

コンプレックスとなっているパートが「X＝Y」になっていないかも疑ってみます。

Q 上手くいかなかった（Y）ことの原因は本当に自分のコンプレックス（X）？ それ以外に要因があるとしたら何ですか？

**STEP3／仲良くなって、感謝する（リフレーミング・ラベリング・ラポール）**

【実践】

コンプレックスに感じているパートを「リフレーミング」します。

**リフレーミングとは…**


同じ事象を別の枠組み（フレーム）で捉えること。

私たちは普段から無意識に出来事や、言葉や、行動に枠組みをかけて意味づけしています。

自分がネガティブに捉えていることに対して見方を変えるとポジティブな面をもっていることもあります。

それに気づくことで、意識や行動が変わってきます。

**Q**　コンプレックスだと思っているパートはどこですか？

**Q**　そのパートをリフレーミングするとどうなりますか？

**ラベリングとは…**

人や物事に対して、ラベル（レッテル）を貼ることで、行動などに心理的影響を与えること。

ラベルを貼ることで、良くも悪くもそのラベルに合わせた暗示をかけることができます。根拠はなくても大丈夫ですし、誰かに伝えるわけでもないので自由に設定をしてOKです。

ここでは、自分にとってポジティブな気持ちになる名前をつけることで、好ましい気持ちをつくっていきましょう。

**Q** パートに対して、愛着が湧く名前をつけてラベリングをするとどうなりますか？

リフレーミング、ラベリングを行うことで、自分自身のパートと仲良くなり、ラポール（信頼関係）を築きます。

そして、感謝を行います。感謝のアンテナをたてることで、感謝したいことが自分のまわりにより多く集まってきます。

**Q** パートに対して、感謝したいことは何ですか？

# 第2章
# 家族・夫婦関係・対人関係で悩むユミさんのケース

## 上司に怒られ、夫に責められ、誰にも相談できない

**ユミさん（32歳・会社員）**

「気にしすぎだから！」というのは、昔からよく言われてきました。周りからどう思われているかが気になって、いつも相手の顔色を伺ってしまいます。

「優しいね」「よく気がつくね」「頑張り屋だよね」と褒められることがよくあります。

その一方で、誰かに言われたちょっとした一言が頭に残ってしまい、引きずってしまうこともしばしば。これが私の生きづらさの原因なのかもしれません。

短大を卒業してから専門商社の事務職として勤務。産休・育休を経て職場に復帰し、今は時短勤務で仕事を続けています。

4歳の息子を保育園に迎えにいくため、会社ではみんなより早く帰っています。そのため、いつも申し訳ない気持ちでいっぱいです。

子どもが生まれてから、そして仕事に復帰してからは「すみません」「ごめんなさい」を言う回数が増えてしまいました。

会社で謝り、保育園で謝り、家では夫に謝り、子どもが騒ぐと病院やお店、あちこちで謝ってい

ます。

あちこちで謝り倒しながら仕事を続けていますが、それでも、仕事で関わるお客さまや社内の人にも喜んでほしいし、時短勤務だからと手を抜く気持ちもありません。時間がないときは、分刻み・秒刻みで動いて、子どものお迎えの時間に間に合わせています。

ただ、そこまで頑張って仕事に取り組んでいた中で、先日上司から厳しいお叱りを受けることがありました。

内容は、私が取り組んでいた案件に対して、対応がやり過ぎであったというもの。確かに私の確認不足もあったかもしれません。

しかし、頑張っていたことに対して一方的に怒られたことで、私の心は一気に沈んでしまいました。

もともと私は悩み事を抱えてしまうタイプ。誰かに相談したり、自分の話をしたりするのが苦手です。

ただ、今回の件は本当に理不尽な怒られ方をされてしまいショックが大きく、夫に話をしました。するとと「会社のルールがあるんだから、それは怒られて当然なのでは？」と。

全く私の気持ちに寄り添ってくれることなく、私のせいだと言われてしまい、何も言えなくなってしまいました。

## 誰にも相談できない…

### 誰も私のことをわかってくれない…そのうちめまいや吐き気に襲われる

会社ではみんなより早く帰る手前、なんだか弱音が言いづらい状態です。同僚にも相談できずにいました。

周りに気持ちを吐き出せないので「私の何がいけなかった？」「私はどうしたらよかった？」「いったいあの場ではどういう行動をとれば正解だったの？」いろいろな思いが頭をグルグルと繰り返しめぐります。

しばらくこの件を引きずってしまい、会社でも家でも落ち込みがちに。そのうち夫からは「育児や家事ができなくなるなら、仕事を辞めればいいじゃないか」と言われるようになってしまいました。

仕事を続けたいからここまで頑張ってきたのに。仕事も家事も育児もこんなにやっているのに。誰も私のことをわかってくれない…上司から怒られた言葉が頭の中をグルグルまわり続け、夫に責められた言葉で胸を締め付けられ、そのうち、めまいや吐き気に襲われるようになってしまいました。

# ストレス性の体調不良に

## ストレスを溜めないために一体どうしたらよいかがわからない

体調を崩し、病院に行くと「ストレスからくる症状ですね。ストレスを溜めないようにしてください」と言われました。このように診断されても、病院では対処法を教えてもらえるわけでも、お薬をもらえるわけでもなく「そうですか…」と答えることしかできませんでした。

ストレスは間違いなく感じているのですが、誰にも相談できないし、心はいつも重たくて、とにかく毎日辛いです。

ストレスを溜めないために一体どうしたらよいか、その方法がわかりません。

### このときの状態は？

【アルマジロ】すべてに対してあきらめモード、落ち込んでいる状態

〈自分との接し方のポイント〉

・自分を認めて、癒すことを第一優先に。

・「頑張ること」を完全に手放す。

**ユミさんの問題点**

□「人に話せないタイプ」で抱え込んでしまっている
自分1人で問題を抱え込むことで、解決の糸口が見つからなくなっている。また、孤独感からさらに悩みを深めてしまっている。

□頭に貼り付いたネガティブな感情が離れない
ずっと同じ悩み事が頭の中でグルグルとまわり続けてしまい、体調まで崩してしまう。

# 家族・夫婦関係・対人関係で悩むユミさんへの処方箋

## 「自分の体からモヤモヤを外す」

ユミさんは、毎日辛いけど、それを誰にも相談できないと言っていました。1人でずっと抱え込んでしまっている状態は、確かにとても苦しいですよね。

そして、誰かに自分のことを話したり、相談したりすることが昔から苦手で、「人に話せないタイプ」だと言われていました。ですが、これは本当でしょうか。

## 「人に話せない」それって本当？

### 話してもよい人・話せる人を探すことが大切

「人に話せない」ということを疑った理由は、この問題をしっかりと私に話してくださったからです。

人は、自分自身のことを「○○なタイプ」だと勝手に決めつけてしまうことがあります。人前に出るとあがってしまうタイプ、口下手なタイプ、空気が読めないタイプなど。

自分自身に対してネガティブな決めつけをしてしまうことで、そこから抜け出せなくなってしまっている人も多いです。

これは、人に言われたことも含みます。

もし、自分自身に対して「○○なタイプ」だとネガティブな決めつけをしている場合・または他人から決めつけられている場合は、「本当にそう？」「いつ、どんなときも？」など、問いかけてそれが事実であるかどうか疑ってみましょう。

ユミさんの場合は「人に話せないタイプ」ではなく、たまたま近くに相談できる人がいなかっただけです。

ユミさん自身が「話せない人」「相談できない人」ではありません。

話してもよい人、話せる人を探すことが大切です。自分に対して、ネガティブな決めつけをするのはやめましょう。

## 体は心で感じている

### 体を使ったアプローチで心を変えていこう

「痛いの痛いの飛んでいけ〜」小さい頃に、言われたことがある方もいるのではないでしょうか。こんなので痛いのは飛んでいかないよ…と思ったかもしれませんが、そんなことはありません。

ケガをしたとき、最初は何でもないと思っていたのに、想像以上にひどい傷口を見たら急に痛くなってきた。熱があったのに、目の前のことに夢中になっていたら忘れていたなど。体の痛みの感じ方は、心の影響を大きく受けます。

つまり「自分の心は自分がつくっている」ということに気づくだけで、心を軽くすることができます。

そうは言っても、心で心をコントロールするのは難しいもの。まずは体を使ったアプローチで心を変えていきましょう。

# フィジオロジーで心をコントロールする

## フィジオロジーとは

フィジオロジー（physiology）とは、直訳すると「生理学」ですが、ここでは体の動き、姿勢、表情などの意味で解説します。

たとえば、落ち込んでいるとき、みなさんはどのようなフィジオロジーをとっているでしょうか。恐らく、猫背で首をうなだれ、口角を下げてぼんやり下を見ている…といった感じではないでしょうか。

胸をはって、両手の拳を天井につき上げて、上を向いて満面の笑みで落ち込むのは難しいはず。人は、落ち込んでいるとき、悩んでいるときはそれ相応のフィジオロジーをとっています。そして、元気なとき、楽しいときはそれ相応のフィジオロジーをとっています。

ユミさんが私のところに相談にきたときは、ストレスが最高潮の状態になっていました。首や肩に力が入り、見るからにガチガチの状態で、リラックスとはほど遠い様子。まずは、心と

〔図表４　落ち込んでいるとき、元気なとき、楽しいとき〕

落ち込んでいるとき

元気なとき・楽しいとき

体を緩められるように「深呼吸をしてください」とお伝えしました。

**リラックス状態の自分のフィジオロジーをとってみて、リラックスの感覚を味わう**

人はストレスを抱えているとき、交感神経が高まり呼吸が浅くなっています。

そんなときは、深い呼吸を意識するだけでもリラックスモードに切り替えることができます。

その上で、自分にとって心地よい時間を思い出してみます。

たとえば、お風呂で湯船に浸かって温まっているとき。青い空の下、緑に囲まれた公園のベンチに座っているとき。休日にすべての家事を終えて、子どもの寝顔を眺めているときなど。

実際にそれができればベストですが、できない場合はそのときの自分の体の動き、姿勢、表情を実際にとってみます。
リラックス状態の自分のフィジオロジーをとってみて、リラックスの「感覚」を味わっていきましょう。

## 「悩み」を体の中から追い出す

### スッキリするために自分の体からモヤモヤを外す

頭からずっと離れない悩み事、モヤモヤを抱えているときは、何をしていてもネガティブな感情に引っ張られてしまうことがあります。頭では「よくないこと」だとわかっていても、同じことをグルグルと考え続けてしまう。

このときにやりたいことは、シンプルです。頭から離れないなら、スッキリするために「自分の体からモヤモヤを外す」ということです。

人は嫌な体験をすると、そのときに言われた言葉、見えていた映像、感覚や感情を、自分の解釈を通して、記憶として保存します。

特に印象的な出来事だと、いいことも嫌なことも強い記憶として自分の中に残ることになります。

このイメージを頭の中や胸やお腹など、体のどこかに貼り付けていて、何回もその感覚を思い出して再体験してしまうわけです。最初の体験は小さなことだったはずなのに、再体験を繰り返すことで自分の中でどんどん嫌な気持ち・辛い気持ちが膨れ上がってしまい、悩みが必要以上に成長してしまうこともあります。

人は、起きた出来事に対して自分なりの解釈を行い、その人なりの判断や感情とともに記憶をしていきます。

**たとえば、上司から嫌味を言われたとき**

視覚情報：上司が話している顔、目つきや表情など
聴覚情報：上司のセリフ、口調や声のトーンなど
体感覚情報：胸がキュッと締め付けられるような気持ちなど

**たとえば、初めて好きな人とデートをしたとき**

視覚情報：パートナーが話している顔、目つきや表情など
聴覚情報：パートナーのセリフ、口調や声のトーンなど
体感覚情報：胸がキュッと締め付けられるような気持ちなど

体の感覚で味わう「胸がキュッと締め付けられるような気持ち」も、出来事によって、感じ方や感情は全く違うものになっているのではないでしょうか。

ポジティブな出来事を再体験するのは幸せな気持ちになれますが、ネガティブな気持ちの再体験は、モヤモヤを広げてしまうため避けていきたいものです。

## 体に貼り付いたモヤモヤをスッキリさせる方法

ここでは、体に貼り付いたモヤモヤをスッキリさせる方法を説明します。

① 静かな場所で目を閉じて、嫌なことを「とっても　嫌だと強く感じた瞬間」を思い出します。
そして、そのときの映像のイメージを思い浮かべます。

自分の解釈を通して見ていますので、実際の見え方と印象が変わっているかもしれません。

ここでは、思い出したままのイメージで大丈夫です。

② ぼんやりと思い浮かべたイメージの「場所」はどこでしょうか。
上のほうか、下のほうか、小さいか、大きいか。

どんな見え方をしていてもＯＫです。

鮮明だったり、ぼやけていたり、カラーだったり、白黒だったり、小さく見えていたり、実際よりかなり大きく見えていたり、頭の端っこに見えたり…どれも正解です。

〔図表5　イメージを飛ばす〕

①場所を特定
②イメージの中で体の外に取り出し観察する
③遠くに投げる

なぜなら、あなたの頭の中ではそのように解釈して記憶しているからです。

③　イメージの記憶を貼り付けている「場所」がわかったら、そのイメージを残したまま、目を開けます。

そして、そのイメージを体の外に取り出してください。どのように見えるか確認します。

※ここまでの流れができない場合は、イメージの場所が特定できるまで、何回でも繰り返して行ってみましょう。

④　イメージを取り出して確認できた場合は、その映像を20~30メートル先に飛ばして、最後は真っ白に消してしまいます。

ポイントは、イメージを動かして遠くに飛ばし、小さくすること。そして、遠く小さくした場所にそのイメージをしっかりと固定します。

固定したらそのイメージが真っ白になって、すべて消えていくところを見届けていきましょう。

自分がつくっているイメージなので、自分の意思で遠ざけることも、小さくすることも簡単にできます。

①〜④ができたら深呼吸して体を伸ばし、先ほど考えていた悩みを思い出してみましょう。

嫌なイメージが思い出せなくなった、嫌な感覚が薄まった、気分が楽になった、なんとなくスッキリしたなどがあれば、うまく体から外れた証拠です。

## まずは離れない過去の嫌な出来事のイメージを体から外す練習

悩みにつながるのは、過去の嫌な出来事を自分の解釈を加えて未来の不安につなげていること。また、過去の体験を現在の体験のようにイメージするなどで、過去の記憶から出られなくなってしまっている場合が多くあります。

そのため、まずは離れない過去の嫌な出来事のイメージを体から外す練習をしてみてください。

これができるようになると悩みに振り回されなくなり、自分の心をコントロールし、問題を解決しやすくなります。

# 第2章まとめ・実践のヒント

「自分の体からモヤモヤを外す」
【実践】
「○○なタイプ」は真実？
フィジオロジーで心をコントロールする
悩みを体の中から追い出す

**「○○なタイプ」は真実？**

【実践】

自分自身の性格に対して「○○なタイプ」だと、ネガティブな決めつけをしていないでしょうか。

例：人に相談できないタイプ、人前に出るとあがってしまうタイプ、口下手なタイプ、空気が読めないタイプ、気にしてしまうタイプ、気が短いタイプ、根に持ってしまうタイプ、一度嫌いになるとダメなタイプ、など。当てはまるモノがあれば、次の質問をしてみましょう。

Q「○○なタイプ」は本当にそう？　いつでも、どこでも、どんなときでも？　例外はない？

## フィジオロジーで心をコントロールする

【実践】

自分自身のリラックスできる状態を思い出し、その感覚を味わいます。

Q　あなたがもっとも心地よい気持ちを味わえるのはどんなときですか？

Q　その心地よい気持ちを味わえるときは、どんな映像が見えて、どんな音が聞こえて、どんな感覚を味わっていますか？　そのときの自分の姿勢、動き、表情はどのようなものでしょうか。丁寧に、そのときの状況に気持ちを合わせて、詳細に思い浮かべます。

心地よい状態のフィジオロジーを実際の体をつかって再現をしてみます。姿勢、動き、表情などをつくり、その感覚や感情を十分に味わっていきましょう。

## 悩みを体の中から追い出す

【実践】

自分の感じているモヤモヤの場所を特定し、イメージを遠く、小さくして消していきます。目を閉じて、嫌なことを『とっても嫌だと強く感じた瞬間』を思い出し、そのときの映像のイメージを思い浮かべます。

**Q**　そのイメージは具体的にどこにありますか？　場所は？　色は？　大きさや形は？　音は？　温度は？　詳細にイメージをしてみてください。

イメージの場所が特定できたら、その映像を20～30メートル先に飛ばして、最後は真っ白にして消してしまいます。

もし上手くできないと感じたら、イメージを思い浮かべるところから丁寧にやり直していきましょう。場所、形、色などを1つずつ丁寧に、詳細に思い浮かべていきます。しっかりイメージをつくれたら、再び遠くに映像を飛ばしてみましょう。

# 第3章
# 大切なことだとわかっていても行動できないハルトさんのケース

## 頑張っているのに上手くいかない

**ハルトさん（41歳・会社員）**

昔から思い立ったらすぐに動く方で、人一倍行動力はあると思います。

特別勉強ができたわけではないのですが、子どもの頃から、どちらかというとリーダータイプ。お調子者と言われることも多かったですが、なんだかんだ言われながら、学級委員や部長を任されてきました。

高校を卒業後、音楽活動をしたかったこともあり、しばらくはフリーターでさまざまな仕事をしてきました。しかし、現在の妻との結婚を意識した8年前、安定した職に就こうと決意。現在の大型量販店に入社しました。

比較的器用なこともあり、入社して1年たたないうちから「仕事がデキる」と評価されるように。私自身も、上に評価されて出世したい気持ちは強いです。

子どもも3人いますし、住宅ローンもあるし、しっかり稼ぎたいですし、自分なりに頑張ってきたつもりです。

ただ、最近になって一気にやる気がなくなってしまいました。

# 大切なことを忘れてしまう

## 最近業務量が増えすぎたこともあって「忘れてしまう」ことが頻発

今はある店の店長を任されています。立場的に、本部からの指示と現場に立つメンバーからの要望で、板挟み状態での仕事です。典型的な中間管理職ですが、仕事は嫌いではないので周囲の期待にこたえられるよう、とにかく日々の業務を夢中になってこなしていました。

休憩時間に食事を取りながらパソコンを広げているというのも常です。

本部からは、さまざまな指示が飛んでくるため、毎日迅速に対応しています。正直、本部の対応だけで１日の仕事がいっぱいになってしまうことも。

それに加えて、スタッフから「確認お願いします」、「○○の件で相談があります」などを言われるため、「後で対応するね」と言ったまま、忘れてしまうことがしばしば起きるようになってきました。

多少忘れっぽいことがあっても、本当に大切なことを忘れている場合は相手から催促がきますし、それで何とかなってきました。

しかし、ここ最近業務量が増えすぎていることもあり、「忘れてしまう」ということが頻発するように。本部の上司から言われる仕事は迅速に、確実にこなしています。たいてい忘れてしまうのは、自分のメンバーから言われたことです。

大切だとわかっていても、本部から何か指示が飛んできてそちらの対応をしていると、メンバーから言われたことが頭からスポッと抜けてしまうのです。

忘れていることに対して「またですか?」と、直接不満をぶつけられることも増えてきました。

## ある日突然、やる気がなくなる

### 店のメンバーから本部へクレームがあがった

毎日本部からさまざまな指示が飛ぶ中で、上司から呼び出されて「大切な話がある」と言われました。

自分の店のメンバーから本部に対してクレームがあがったようです。内容は「店長が全然仕事をしないし、何度言ってもやってくれない」というもの。

確かに、忘れっぽくてメンバーに迷惑をかけているかもしれません。ただ、こんなに真面目に仕事をしているのに「仕事をしていない」と言われたことがショックでした。

お店の売上は悪くなかったのですが、メンバーからのクレームがあったことで私の評価は下がり、昇格できませんでした。

毎日こんなに頑張っているのに…。本部からの指示にも迅速に対応していたのに…。なんだか自分自身を否定された気分になってしまいました。

忘れっぽいのは昔からの性格だし、「自分にはこの仕事が向いていないのでは？」という気になってきます。

この件をきっかけにして、仕事に対するやる気がなくなってしまいました。

**このときの状態は？**

【カメ】後ろ向きに悩んでいる状態＋【ウサギ】前向きに悩んでいる状態

〈自分との接し方のポイント〉

・思考がアンバランスになっていることに気づく。

・正しい方向にエネルギーを使うことを意識する。

**ハルトさんの問題点**

□大切なことを忘れてしまう

毎日の業務で忙しく、忙しさに紛れて「大切なこと」だと頭でわかっていても、忘れてしまう。

□メンバーとの信頼関係がなくなる

メンバーとの約束を忘れてしまうことで、信頼関係がなくなる。

## 大切なことだとわかっていても行動できないハルトさんへの処方箋

「パターン化して、行動改善を行う」

**ハルトさんに対して行ったこと**

ハルトさんに対して行ったことは大きく2つです。

1つはメンバーとの信頼構築。もう1つは、行動改善策として「パターンの書き換え」です。

ハルトさんは、メンバーとの約束を何度も忘れてしまい、信頼関係を失ってしまいました。本人としては、忘れたくて忘れたわけではありません。

そして、大切なことを忘れてしまったり、仕事でミスをしてしまったりすると、自分には能力がないのでは？…と思ってしまうことがありますよね。また、こういう性格だからと諦めてしまう方もいるかもしれません。

しかし、原因は能力不足でも性格でもなく、行動パターンの問題なのです。

私はコーチングの中に「ＬＡＢプロファイル」というものを取り入れています。「ＬＡＢ」とは、Language and Behavior の頭文字を取ったもので、言葉（Language）と行動（Behaviour）の関係性を分析したもの。人が「行動」を行うパターンを研究し、体系化したものです。

ハルトさんが上手くいかなくなるパターンを見つけ、それを改善することで「大切なことを忘れてしまう」という問題は解決することができるでしょう。

合わせて、行動改善を行いながら、確実にメンバーとの約束を守り、信頼関係を取り戻すことに注力しました。

## 「ＬＡＢプロファイル」で特性をつかむ

### その人の持つ特性に合わせたアプローチをする

ハルトさんは、忘れっぽい中でも本部からきた業務に関しては忘れることなく迅速に対応することができていました。その理由は、ハルトさん自身に「上司から認められたい、評価されたい」という強い出世欲があったからです。

また、細かいことを丁寧に進めることよりも、全体像をざっくり掴んで進めていくことを得意としていました。

さらに、順を追って物事を進めることよりも、興味のあることをあれこれ試してみたくなる傾向もありました。

これは、よい・悪いの話ではなく、その人の持つ特性です。

人が行動をするとき、モチベーションが高まる要因はそれぞれ異なります。これを、ＬＡＢプロファイルによって分析をし、その特性に合わせたアプローチを行いました。

### ●ＬＡＢプロファイルとは…

ロジャー・ベイリーによって開発された言葉と行動のプロファイルです。同じ言葉を投げかけたとしても、人によってやる気が上がるケースとそうでもないケースがあります。また、同じ事象を見ていたとしても、何に関心をもつかは人それぞれです。

ＬＡＢプロファイルで人が何をきっかけにやる気を出し、それを維持するのかを明らかにします。言葉と行動のパターンをみる項目は14種類ありますが、ここでは４つご紹介します。

それぞれ、解説していきます。

**【価値基準】**

その人の心の「スイッチ」となるもの。その人にとって大切な言葉やフレーズを指します。

たとえば、「仕事で大切なことは何ですか？」と質問したときに出てくる回答は人それぞれ。「お金」「出世」「成長」「貢献」など、十人十色の価値観があります。

「お金」が価値基準の上位の人は、「この仕事を頑張れば、お金が稼げる」と言われたら、モチベーションが高まるでしょう。「貢献」が価値基準の上位の人は、「この仕事は、多くの人に貢献できる」といわれたら、モチベーションが高まります。

逆に、価値基準の中に「成長」が入っていない人に対して「この仕事はあなたの成長につながるから頑張って」と言われても、全くピンとこないはずです。

**【動機づけの方向性…目的志向型／問題回避型】**

何が引き金になって行動を起こすのか。目標を達成しようとするときか、問題を解決・回避しようとするときかの２つに分けられます（両方の要素をもっている方もいます）。

・目的志向型

目標を達成したり、ゴールに到達したりすることでやる気が高まる。

・問題回避型

問題について考えたり、問題を回避したりすることでやる気が高まる。

**【動機づけの選択理由…オプション型／プロセス型】**

やる気を高める際に、さまざまな選択肢を追求することを好むか、確立された手順に従うことを好むかの2つに分けられます（両方の要素をもっている方もいます）。

・オプション型

今までとは違ったやり方で何かをする機会や可能性があるとやる気を出します。新しい仕組みをつくることは得意ですが、その手順に従うことは苦手です。

・プロセス型

確立された手順に従うことを好みます。一度やり始めたら、最後までそれを完遂させることを大切にしています。

**【行動上のスコープ…全体型／詳細型】**

どのような情報処理をしているか。物事を全体像や輪郭で見ているのか、詳細な部分で見ているのかの2つに分けられます（両方の要素をもっている方もいます）。

・全体型

物事の全体像や概要をとらえて仕事を進めることを好みます。短い時間であれば、詳細な物事に目を向けることができますが、長時間意識を向けなければいけない状況になると疲れてしまうことがあります。

・詳細型

物事の細かい情報を扱うのが得意です。細部にまで神経をつかうような業務が向いていますが、極端な詳細型の場合は、全体像が捉えられず、優先順位をつけるのが苦手になることもあります。

**〈活用方法〉**

相手の興味をひき、それを維持するためには、相手のＬＡＢプロファイルを使って声をかけていきます。

自分のエネルギーをわき上がらせて維持するためには、自分の自身の価値基準や動機づけ、行動上のスコープを把握し、それに合わせた行動をとることが大切になります。

ＬＡＢプロファイルは、状況・場面によって異なります。同じ人でも、仕事をしているときと、家庭でパートナーと向き合っているときではパターンが変わります。ここでは、仕事に向き合うときのパターンを分析してアプローチを行っています。

ハルトさんの仕事に向き合う際のパターンを分析すると、価値基準は「出世」すること、動機づけの方向性が「目的志向型」、選択理由が「オプション」、行動上のスコープが「全体型」でした。そのため、価値基準上位の「出世」をすることを目標にして、行動を設計しました。今まで優先順位が低いと考えていたことに対しても、「出世」とどう関わってくるかを考え、具体的な行動に落とし込みます。

動機づけは「目的志向」「オプション型」だったため、目標を設定し、それに対して選択肢を複数用意しました。

行動上のスコープは「全体型」で細かいことが苦手だったので、詳細についてあれこれ言うことは控えて、全体像をお伝えしてから、ハルトさん本人に何ができそうかを考えて実践していただきました。

## 「小さな約束」を守り、信頼を構築する

### ハルトさんに提案した信頼構築

ハルトさんに対して提案した信頼構築は2種類です。それは、周囲の人に対しての信頼構築と自分に対しの信頼構築です。

まず、周囲の人に対して。ハルトさんの場合は、メンバーから本部に自分に対してのクレームが報告されてしまうくらい信頼関係が崩れてしまいました。

原因は、メンバーが頼んだことをハルトさんが忘れてしまうこと、約束を忘れてしまうことにあります。

そのために、「約束を守ってくれない人＝信頼できない人」となってしまったのです。

まずはこの信頼を取り戻すことから着手しました。シンプルですが、

・「やる」と伝えたことは必ずやる。

・「何時までに連絡する」と決めたら、必ずその時間までに連絡する。約束の時間に間に合わないときは事前にそれを連絡する。

・ささいな相談でもきちんと答える。

とにかく「小さな約束」を守ることを習慣にしていきました。この小さな約束を守るために、後述する「パターンの書き換え」の行動改善を行っています。

自分に対しての信頼構築は、自分を受け入れることです。

上手くいかなくても、自分を許すこと。上手くいかないことがあったときに、「自分はダメな人間だ」「自分には能力がない」と自分を否定して落ち込むのではなく、まずは特性を知ること。自分自身のことを信頼して、自分の特性を受け入れながら、行動の改善をしていきました。

## 「しくみ」で解決する行動改善

### 大切なことを忘れるにはパターンがある

ハルトさんから話を聞いていると、大切なことを忘れるときには「パターン」がありました。
・上司に言われた仕事は忘れない
・メンバーから言われた仕事は忘れてしまう
ハルトさんの価値基準が「出世」であるため、上司の言うことに従うことは自然とできていました。

そして、自分の中の優先順位が、上司は上、メンバーが下となってしまっていたのです。

意識の上では、メンバーのことも大切だと思っています。

しかし、仕事のキャパがオーバーすると、無意識の中で優先順位の低いことが頭から抜け落ちてしまっていたようです。

改めて、ハルトさんの仕事の上で大切な価値基準である「出世」を目指すためにも、メンバーの力が必要であること、メンバーとの信頼関係を築くことが重要であることを確認しました。

その上で「メンバーから言われた仕事を忘れないようにする工夫」を考えます。

## 言われた仕事を忘れないようにするための工夫をする

今までも、言われたことを忘れないようにするための工夫はしてきました。忘れたくて忘れているわけではないので、メモをする、手帳に書くなど、自分なりにできることは行ってきたそうです。

しかし、書いたことを忘れてしまい、結果うまくいかなかったとのこと。

そのため、「毎日確実に見る場所」に忘れてはいけない仕事を書くようにしました。

具体的には、パソコンを開けるとタスクメモが立ち上がるようにして、必ずやるべき仕事が目に入るようにしました。

もう1つ、中間管理職であるという立場上、突発でたくさんの仕事が入ってきます。

上司からの指示や部下の対応など、自分のペースで仕事が進められないことが多い傾向にあります。

これによって、いつも時間が足りなくなってしまい余裕のない状態になっていました。ここから脱却するために、スケジュールの中に「予備時間」をつくるようにしたのです。言われてみれば簡単なことのようにも思えますが、日々必死で仕事に向き合っていると、それをすることもできなくなっていたのです。

「忘れてしまう」というのを、性格や能力不足のせいにするのではなく、忘れない「しくみ」をつくることで解決していきました。

## 上手くいかないパターンを「書き換える」

大切だとわかっているのに忘れてしまう、後まわしにしてしまうパターンとして、つい他ごとをやってしまう…というのもよくあるケースではないでしょうか。

### ハルトさんの忘れてしまうときの例

ハルトさんの場合だと、メンバーから言われたことをやろうと思っていたのに、上司から「今からこの数字を報告するように」などと言われて、つい忘れてしまうことがあったそうです。

他にも、仕事のための調べ物をしようとしたのに、気がついたらネットサーフィンで他の関係ないニュースを見続けてしまうというのもあったようです。これは、ハルトさんに限らずよくある話かもしれません。

やろうと思っていたのに、つい他ごとをやってしまう場合は、行動のきっかけとなっている「トリガー」をみつけて、上手くいかないパターンを書き換えるようにしましょう。

ハルトさんの忘れてしまうときの例は、次のとおりです。

①1時間後に行われるミーティング資料の作成をしていました。その最中にメンバーAさんから、「○○について確認してください」と言われます。数分で終わりそうだったので「わかった」と

答えて確認作業を開始しました。

②確認作業の最中に上司から連絡が入り、「今からこの数字をすぐ報告するように」と言われます。

③上司の数字報告を終わったタイミングでメンバーＢさんから相談を持ちかけられて数分話し込みます。話の途中でミーティングの時間が迫っていることに気づき、相談を切り上げて資料の作成を急いで進め、ミーティングに参加します。

④ミーティングが終わった頃には、Ａさんに頼まれた確認を忘れてしまいます。

このときの忘れてしまうきっかけは②の上司からの連絡で「すぐ報告するように」と言われたことだと考えられます。

ハルトさんのパターンとして、上司から連絡が入ると他のことが頭から飛んでしまう傾向がありました。そのため、①から②のときに、必ず目に入る「パソコンのタスクメモに入れる」としたことで、忘れないようになりました。

**ハルトさんがよくやってしまっていた例**

何かをしようと思っていたのに、他ごとをしている間に時間が過ぎてしまった…。当初の目的を忘れて他のことをやり始めてしまった…。ここでは、ハルトさんがよくやってしまっていたという事例をもう1つご紹介します。

パソコンで資料作成をしようと思っていたときに、いつの間にか時間が過ぎてしまうというパターンです。

①資料作成をしようと思ってパソコンを開いて、作業を開始する。
②資料作成にあたって、調べたいことがありインターネット検索をする。
③仕事に関する気になるニュースが目に入り、閲覧し始める。
④ニュースを見ていたら、そこに登場した人物のことが気になりSNSで検索する。
⑤SNSを見始めたら、他の投稿も気になり始め、気がつけば数十分、数時間が経過…全く作業が進まず、自己嫌悪に。

このときの、つい他ごとをやってしまうきっかけ、トリガーになるのは③の「気になるニュースが目に入り、閲覧し始める」です。

スマホやパソコンを使っていると、横から入ってきたさまざまな情報、通知音によって、当初の目的を忘れてしまうのはよくあるケースではないでしょうか。恐らく、同じような経験をしたことがある方もいるかと思います。実は、私もその1人です。

このようになってしまう場合の対処法、パターンを書き換える方法をご紹介します。ハルトさんにもお伝えしましたが、私自身もこの方法で解決しました。

## パターンを書き換える方法

**【順番を変える】**

この場合、作業をしているときに②の検索をすると、③のニュースを閲覧し始める…というのがよく起こっていました。

そのため、作業をしながら調べ物をするという②のパターンをやめて、作業のアウトライン作成が終わってから②を行うようにしました。

作業を後回しにして他ごとをしてしまうときのパターンを把握し、順番を変えてパターンを書き換えるのです。

**【環境を整備する】**

③のニュースを閲覧し始める…という、他ごとが始まるトリガーを発動させない環境を整備しました。ニュースが一緒に表示される検索エンジンを使わない、作業中はスマホの通知音を切る、スマホを別室に置いておく、などです。

意志の力で制御するのではなく、環境を変えるのはとても有効な方法といえるでしょう。

## 【リハーサルをする】

作業を開始するときに、「何時までにこれをやる」と決めます。ゴールとしてやることは1つ。紙に書き出してもよいですし、頭の中でやりきる自分をシュミレーションし、リハーサルを行いました。

これは、数週間~数ヶ月、無意識でもできるようになるまで、何度でもリハーサルをします。

## 【自分を許す余裕をもつ】

いろいろ変えてみても「またやってしまった…」となることもあると思います。そんなときに、自己嫌悪にならず「許す」というのもとても大事なことです。自分を否定しないで、よい気分で仕事ができたほうが仕事の効率は上がります。

他に目移りしてしまう自分の特性も許してあげること。目移りタイムをあらかじめ時間を決めてつくってあげるのもよいでしょう。決めた仕事が時間内にやりきれずストレスを抱えている人は、そもそもの作業時間の見積りが甘いケースもあります。

ハルトさんの場合も、上司から連絡が入る、メンバーから相談が入るのは日常茶飯事のこと。自分の作業に対して横やりが入るのを想定し、前述の「予備時間をつくった」というのも、自分を許すことや余裕をもつことにつながります。

繰り返しになりますが、上手くいかないのは、性格の問題や能力不足ではありません。自分の特性やパターンを把握できていないことで、上手くいかないパターンを繰り返してしまっていることが原因です。自分の行動・思考のパターンを分析、把握して、それを活かして「上手くいくパターン」に書き換えていきましょう。

ハルトさんは、信頼構築と行動改善を行ったことで仕事のパフォーマンスが上がり、その後2ランクの出世をされました。

## 第3章まとめ・実践のヒント

「パターン化して、行動改善をする」
【実践】
自分の特性を把握する
自分のパターンを分析・把握する
自分のパターンを書き換える
上手くいくパターンをリハーサルする

## 自分の特性を把握する

【実践】

Q　価値基準：あなたにとって、○○（仕事など）で大切なことは何ですか？

Q　あなたにとって、○○（仕事など）でやる気が高まるのはどちらですか？
目的志向：目標に到達したり、ゴールに近づいたりすること
　↓「やること」「目標」を決めて行動に移しましょう。
問題回避：問題について考えたり、回避したりすること
　↓「避けたい事態」を想定してから「やること」を決めて行動に移しましょう。

Q　あなたにとって、○○（仕事など）でやる気が高まるのはどちらですか？
オプション型：今までとは違うやり方で何かをする可能性があるとき
　↓選択肢を複数もって行動しましょう。

プロセス型：決まった手順に沿って進めるとき
　↓行動の順序を明確にして進めましょう。

Q　あなたにとって、○○（仕事など）でどちらが得意ですか？

全体型：物事の全体像・輪郭を見ること
詳細型：詳細な情報と物事の道筋をみること
　↓自分のタイプを把握し、細かい部分が抜けていないか、全体像が把握できている
か、自分の見ている情報に偏りがないかを確認するようにしましょう。

**自分のパターンを分析し、把握する**

【実践】

Q　上手くいかないパターンが起きているとき、どのような順番でそれは起きていますか？
最初のきっかけとなる出来事から順番に、そのパターンが出てくるまで、できるだけ細かく書き出してみましょう（数はいくつでも構いません）。

①

⑧ ⑦ ⑥ ⑤ ④ ③ ②

**自分のパターンを書き換える**

【実践】

Q　上手くいくパターンにするために順番を入れ替えるとしたら、どのようにしますか？
できるだけ細かく書き出してみましょう（数はいくつでも構いません）。

①

②

③

④

⑤

⑥

⑦

⑧

## 上手くいくパターンをリハーサルする

【実践】

上手くいくパターンをつくれたら、新しいパターンを確実に自分のものにしていくためのリハーサルを行います。目を閉じて、自分がやりたいことを上手くいく順番でスムーズにやりきっている様子をイメージします。

そのとき、何が見えて、何がきこえて、どのように感じているか。自分の感情も含めて具体的に順を追って、1つひとつ詳細にイメージしていきましょう。

スムーズに新しいパターンのイメージができて、自分の日常のようになるまで、何度でも繰り返し行います。

リハーサルは頭の中だけでできるので、通勤時間や休憩中など、隙間時間を活用して行ってみましょう。

# 第4章
# 仕事が辛くてひたすら我慢、体調を壊してしまったカナコさんのケース

## 「耐えること」＝「仕事」だと思っている

### カナコさん（33歳・会社員）

仕事は、メーカーの事務職をしています。大学を卒業後、資格試験の勉強をしていましたが、途中で家族が体調を崩してそのお世話をしていたら、あまり勉強にも集中できぬまま時間が過ぎてしまいました。

今は自分のことに集中できるようになりましたが、6年勉強しても合格できなかったので、あきらめて就職を決意。今の会社に入りました。

何のキャリアもない私を採用してもらえただけでありがたいことです。入社当時から仕事は辛かったのですが、仕事は我慢するものだから仕方ないと考えていました。

両親が苦労人だったこともあり、小さな頃から「苦労は買ってでもしなさい」と言われて育った影響もあるかもしれません。あまり弱音を吐くのも好きではないし、グチも言いたくないなと思っています。お金をもらっているのだから大変なのは当たり前ですし、耐えることが仕事だと頑張ってきました。

取引先や上司から厳しいことを言われるのは日常茶飯事でしたが、入社時当初から問題にしっかり向き合うことでクリアしてきました。真面目に頑張ることは、入社当初から培ってきた私のスキルともいえるかもしれません。

## 異動によって上司が変わり、ストレスが増大

### いつもビクビクしながら仕事をするようになった

もともとストレスは少なからず感じていましたが、いつもなんとか乗り越えてきていました。

ただ、昨年から部署を異動したことで仕事がガラリと変わり、業務量が一気に増えました。また、新しい部署の上司は社内でも「仕事がデキる」と有名な厳しい人です。仕事がデキる上司からの指摘は、あまりに的確で、自分のダメさ加減が浮き彫りになってとても辛いです。

上手く仕事をまわせない自分が悪いから、厳しい指摘を受けるのも当然です。毎日落ち込み、反省する日々。苦しいけど、全部自分のせいだから仕方がないことです。

また上司に怒られてしまうかも、またミスをしてしまうかも、いつもビクビクしながら仕事をするようになってしまいました。

今まではもう少し仕事もできていたはずなのに…厳しい上司の下で心が縮こまっているせいか、それとも業務量が増えているせいなのか、前にも増してミスが増えるようになってしまいました。

## 辛い感覚が拡大していく

### 自分にとってのストレッサーは上司であることに気づく

会社にいるときの私の心は、ずっと黒だったりグレーだったり、どんより暗く重たいイメージです。

そして、上司と話をするときには、胸の奥がギュッと締め付けられるような感覚に。苦しくて、心臓もドキドキ鳴ります。それでも頑張ろうと無理矢理気持ちを奮い立たせていました。

最初は上司に指摘されたときに起きていた辛い感覚が、日常会話をするだけで起きるようになり、そのうち上司が視界に入るだけで、会社に足を踏み入れるだけでイヤな気持ちが起きるようになってしまいました。

社内での評価も高い上司のことは尊敬しています。

悪いのは私だし、ミスをしているのも私、指摘をしてくれる上司には感謝をしなければならない……そう思って自分を奮い立たせていました。

そんな気持ちとは裏腹に、上司がお休みの日や外出していて不在の日は、心が軽い自分がいます。

自分にとってのストレッサーは、完全に上司であると気づくようになりました。

## 体に症状があらわれる…

**そろそろ限界のサインかもしれないという気持ちになってきた**

仕事のストレスは、仕事を頑張って乗り切ることで解消しなければいけないと思っていました。ただ、気がつけば生理が止まり、お腹のまわりにうっすらと帯状疱疹らしきものも出てくるように。

寝ても疲れが抜けず、体がだるいことも多くなり、そろそろ限界のサインかも知れない。そんな気持ちになってきました。

**このときの状態は？**

【アルマジロ】すべてに対してあきらめモード、落ち込んでいる状態

〈自分との接し方のポイント〉

・自分を認めて、癒すことを第一優先に。

・過去に刷り込まれた思考のクセに気づく。
・「頑張ること」を完全に手放す。

**カナコさんの問題点**

□仕事は辛くて大変なもの、頑張らなければいけないと考えている
頑張り過ぎて、体を壊してしまうまでに自分を追い込んでしまっている。

仕事は多少手を抜いてもよいし、マイペースで進めてもよいはず。仕事に対する捉え方が偏っている可能性がある。

□上司に対してストレス反応がでて、そのせいでパフォーマンスが落ちている
上司を恐れるがゆえに心がネガティブに動き、本来の自分の力が発揮できなくなっている。

□心の問題が、体にもあらわれるようになり、それがひどくなっている
最初は指摘を受けたときだけ感じていたストレスが、会社にいるだけで反応が起きるようになり、体調にまで影響を与えるようになってしまった。

## 頑張り過ぎて体にストレス反応があらわれるカナコさんへの処方箋

「頑張ることをやめて、体とコミュニケーションをとる」

### カナコさんに対して行ったことは３つ

カナコさんに対して行ったことは大きく３つです。

１つは仕事に対するマインドの書き換え。もう１つは、体の声に耳を傾けてコミュニケーションをとること。

最後に、仕事とどう向き合いたいか、意図の設定を行いました。

カナコさんは、仕事は頑張らなければいけないものだと自分に言い聞かせながら取り組み、ついには体にストレス反応が出てしまいました。

自分で自分を追い込んでしまった状態です。

## 「仕事」＝「我慢」ではない

### 仕事のイメージを別のものに書き換えてもらう

カナコさんは、「仕事は我慢するもの」、「仕事は頑張るもの」、「お金をもらっているのだから仕方ない」と言っていました。これは真実でしょうか？　上手に息抜きしながら仕事をしている人もいますし、好きなこと、やりたいことをして稼いでいる人もいます。お金をもらいながら、仕事を楽しんでいる人もいるのではないでしょうか。まずカナコさんには、「仕事」＝「我慢」という考え方をやめて、仕事のイメージを別のものに書き換えてもらうことにしました。

対話を行う中で「理想の働き方」とはどのようなものかを具体的にイメージしていただきました。

「これまで大変な状況の中で頑張ってきましたね」

「はい、仕事は我慢するものだから仕方ないと考えていました」

「本当にすごいです。仕事は我慢するものだと思っていたのですね」

「はい。でも、もう体がダメになってしまいました」

「仕事は我慢しなくてもよい、頑張らなくてもよい、と言われたらどんな気持ちですか？」

「仕事を頑張らないって、なんだかサボっているように感じてしまいます。頑張りたい気持ちはずっとあったのですが…」

「体を壊すまでは頑張りたくないですよね。我慢するのも辛いのではないでしょうか」

「はい、辛いです」

「本当に、ここまでよくやってきたと思います。頑張ってきた自分をしっかり認めてあげてください。その上で、仕事をする時間をどのように過ごすことができたらいいですか」

「仕事をする時間をどのように過ごすか…辛いのや苦しいのはイヤです」

「辛いのや苦しいのはイヤですよね。代わりにどのような気持ちで仕事ができるのが理想ですか？」

「理想ですか…楽しければいいですけど、難しい気がします」

「難しい気がしますか？　楽しく仕事をするのもよいと思います。楽しく仕事をしている人、周りにいませんか？」

「いないです…」

「直接の知り合い以外にも、YouTuberとか、テレビや雑誌でみた人でもよいです」

「ああ、そうすると楽しそうな人いますね」

「そうです、楽しく仕事をしても大丈夫です。『仕事＝我慢』でなくてよいです。理想の働き方はありますか？」

「それならやっぱり、楽しいほうがいいですね」

「では、『仕事=楽しい』に定義をかえてしまいましょう」

できる・できないは脇に置いてかまいません。会社に行くのが楽しい、仕事が楽しい、など。仕事の定義をポジティブなものに書き換えます。「頑張ること」を頑張らないことがポイントです。

## 体とコミュニケーションをとる

### 気持ちを受け取ってあげるための方法

「辛い」と感じているときは、自分に対してブレーキをかけるメッセージが出ているということ。カナコさんの場合は「辛い」のメッセージを無視し続けてしまったことで、体調にまで影響が出てしまいました。本来は「辛い」のメッセージが出たら、しっかりと自分のその気持ちを受け取ってあげることが大切です。

気持ちを受け取ってあげるためには、次のように体とコミュニケーションをとりましょう。

①まず、身体症状の出ている場所を特定します。

自分の辛い「モヤモヤ」があるとしたら、体のどこの部分にあるでしょうか？　頭のてっぺんから足先まで、自分の体を順番にスキャンするようなイメージで、確認していきます。

頭頂、脳のあたり、目の奥、鼻、のど、首、肩など、上から順番におりていって、場所を特定します。言葉で「胸が苦しい」と言っていても、実際にモヤモヤを抱えている場所は違うこともあります。丁寧に体とコミュニケーションをとって、場所を特定しましょう。

②モヤモヤの場所が特定できたら、それをイメージの中で体の外に出して観察してみます。実際にその「フリ」をしたほうがイメージしやすいです。体から手で取り出すポーズをとり、目の前に置いてみましょう。

どんな形をしていて、どんな色をしているか、硬さ・柔らかさ、音はあるかなど。正解・不正解はありません。どのようなモノが出てきたとしても、その存在を認めてあげるようにしましょう。

③出てきたモヤモヤを、遠くに飛ばします。

飛ばすときに大切なポイントは「感謝」の気持ちをもって飛ばしてあげることです。「ここまでよく頑張ってくれたね」「大変な中、ずっと耐えてきてくれてありがとう」「痛みによって気づかせてくれてありがとう」など。しっかりと感謝の気持ちを込めて、お礼を伝えてから、振りかぶるポーズをとり、思いっきり遠くに飛ばしていきます。

これも、振りかぶって投げるポーズをして思いっきり遠くに飛ばしましょう。

④体の中からモヤモヤが出ていきました。

この空いた場所には、イメージの中であたたかく優しいモノを入れて満たしてあげましょう。

モヤモヤを飛ばしましたが、ひょっとしたらまた同じように辛さが出てきてしまうかもしれません。もし、そうなってしまっても大丈夫。その都度、体から取り出して、感謝を伝えてから飛ばしてあげてください。

# どんな気分で過ごしたい？

**意図の設定**

カナコさんは、会社に足を踏み入れるだけでイヤな気持ちを感じるようになってしまいました。今までは、会社そのものがイヤではなかったはず。それがいつしか「会社＝辛い場所」になってしまったのです。

人は、ネガティブな感情でいると、その感情にひっぱられるようにイヤな出来事を引き寄せてしまいます。だるいな、辛いな、という思いで仕事をすると、ますますそのような出来事にアンテナが立ってしまい、イヤな気持ちを増幅させてしまうでしょう。

同じように、会社で仕事をするにしても、どのような気持ちで仕事をしたいのかで、感じ方も起きる出来事も変わってきます。たとえば、「山を登る」というゴールを設定した場合でも、「いかに速く登るか」を追究する人もいれば、「キレイな景色を楽しむ」を優先して、ゆったり登る人もいます。

ゴールに向けて行動するにあたって、どんな気分でどう過ごしたいかを事前に設定することで、その時間に自分がどのような行動をとり、何を選択するか、感じ方も変わってきます。

仕事を「苦しい修行」と設定すれば、そのようになっていきます。「楽しく過ごす」と設定すれば、楽しい時間になっていくでしょう。カナコさんには、会社にいるとき、仕事をしているときに、どのような気分でいたいのかを決めてもらいました。これを「意図の設定」と言います。

ここで注意したい点は、肯定型で設定するということ。最初、カナコさんは「時間に遅れず、ミスなく対応し、楽しく仕事をする」と言いました。「時間に遅れない」「ミスがない」という否定型を使うと、頭の中で先に「ミス」や「時間に遅れる」が思い浮かんでしまい、それにひっぱられてしまいます。そのため、肯定型に変えて「時間通りに正確に対応し、楽しく仕事をする」と設定しました。

頭の中で設定してもよいですが、今回はよりパワーを強めるために、紙に書き出して、声に出していただくことにしました。出勤前とお昼休みなどの隙間時間に読み上げて、頭と体に自分の新しいパターンを細胞レベルにまで染みこませるイメージで入れていったのです。

カナコさんは、仕事に関するマインドの書き換えと体とのコミュニケーションをとることで、体調不良がおさまっていきました。その後、ストレッサーとなっていた上司は異動になったそうですが、今では「その上司のおかげで成長できたし、本当によかった」と言っています。

## 第4章まとめ・実践のヒント

「頑張ることをやめて、体とコミュニケーションをとる」

【実践】
仕事の「前提」が正しく設定されているかを確認する
自分の体とコミュニケーションをとる
・辛い場所を取りだして、その存在を認めて受け入れる
・感謝して、体の外に出す
どんな気分で仕事をしたいか、意図を設定する

**仕事の「前提」が正しく設定されているか確認する**

【実践】
Q　あなたにとって、仕事はどのようなものですか？

Q　どのような状態で働くのが理想ですか？

（理想的な状態で仕事をしている人がいたら、その人を参考にしてもよいです）

## 自分の体とコミュニケーションをとる

【実践】

Q　イヤな気持ちや辛い気持ち、ストレスなどを抱えている場合、その感覚が体のどの場所にあるかを見つけていきます。

頭頂から足先まで、体の部位ごとにスキャンするようなイメージで、どの部分に「モヤモヤ」があるかを見つけていきます。どこにありましたか？

Q　体の中にあったモヤモヤを取り出して、体の外に出し、それを観察します。

大きさ、形、色、硬さ・柔らかさなどの触り心地はどうですか？　音はありますか？

Q　体の外に出てきてくれたモヤモヤに感謝をします。どのような感謝を伝えますか？

出てきたモヤモヤを遠くに飛ばして、空いた空間をあたたかく優しくモノを入れて満たしてあげましょう。

## どんな気分で仕事をしたいか意図を設定する

【実践】

Q　どんな気分で、どのような仕事をしたいですか？　肯定型で書き出しましょう。

これを、仕事の前や休憩時間に声に出して声に出したり眺めたりして、常に意識するようにしましょう。

# 第5章
# 不安と緊張で自信が持てないヨシキさんのケース

## 大勢の前だと緊張して、上手く話せなくなる

**ヨシキさん（26歳・会社員）**

物心がついた頃から、自分の着る服や持ち物にはこだわりがありました。大学を卒業後、以前から好きだったアパレルブランドに就職。今は販売職をしています。人と話すこと自体は比較的好きなほうなので、接客については人並みにできていると思っています。

ただ、大勢の人の前に立つと緊張でドキドキしてしまい、普段の自分ではなくなってしまいます。好きな商品に囲まれて仕事ができることと合わせて、コミュニケーション能力を身につけたいと思ったことも、この仕事を選んだ理由でした。

お客さんに合わせて対応を変えたり、ニーズを汲み取って提案したり。一対一のコミュニケーションに関しては、キャリアを積む中でストレスなくできるようになりました。会社に入って、この能力は向上したようにも思っています。

でも、昔から苦手だった「大人数の前で話すこと」が今でも課題になっており、むしろ前よりもひどくなっているのではないかというぐらいです。とにかく、大勢の人前に立つことに対して、自信が持てません。

# 会議の場で自信がなくなる

## 自分でもどうしたらよいかわからない

たくさんの人が目の前にいる場面になると、特に会社の会議の場では上手く話せなくなってしまいます。自分の発表を部署の上司が聞いている、多くの店舗のメンバーが聞いているシーンでは、周りの目が気になって苦しいです。自分の間違いを誰かが指摘するのではないか、おかしなことを言っていると思われていないか、怖いような気持ちになり、声もうわずってしまいます。あらかじめ、話すことが決まっていて、読み上げるだけのときも緊張してしまいます。

周りからも「いつも通り話せばいいのに、どうして会議だと自信なさげで声が小さくなるの？」と毎回のように言われますが、自分でもどうしたらよいかわからないのです。

# 昔から抱える、比較による劣等感

## この人も比較してくる人なのだと気づき落胆してしまう

昔から、そんなに器用なほうではありませんでした。勉強ができなかったわけではありませんが、できたほうでもありません。

運動もできなかったわけでもありませんが、できたほうでもない。友達はいるけど、どちらかというと目立たないタイプです。

勉強も運動もよくできる優秀な兄と比べられて育ったことも影響しているかもしれません。親からも「どうしてできないの？」「どうしてわからないの？」と、よく言われたことを覚えています。

優秀な兄のことを知っている先生からも、「○○くんの弟なら…」というように期待をかけられることが多々あり、それに応えられないことで、自分のできなさ加減を思い知らされてきました。

大人になってみて、冷静な視点で見たら「平均的な普通の子」だったはずですが、当時の自分は常に劣等感を抱えていました。

今でも自分自身が無意識に人と比べてしまう癖があります。私はあの人より仕事ができない。あの人にはセンスがあるけど私にはない。

あの人にはできるけど、私にはできない…など、あらゆる場面で比較をし、ネガティブに捉えてしまいます。

また、周りの人が誰かと誰かを比べていることに対しても敏感に感じ取ってしまいます。「やっぱり、この人も比較する人なのだ」と気づき、落胆してしまうことも。

# 自信のなさが行動を阻む

## どうすればよいかわからない

社会人になってからは、「もっと自信をもって」と、何十回と言われてきました。自分自身も自信をもてたらどれだけよいかと思っています。ただ、頭でわかっていても、どうやって自信をもてばいいかわかりません。

心配性でネガティブ、口癖は「ごめん」と「すみません」。いつも反射的にこの言葉が出てしまい、何かあればすぐに周りに譲ってしまいます。何をするにしても、自分には無理だろうな…難しいだろうな…という思いが先行してしまうので、行動に移すことができません。

今はスタッフとして働いていますが、これから先のキャリアを考えたら、マネジメントをする立場になっていくでしょうし、大勢の人の前で話す場面は間違いなく増えていきます。このままではいけないと思ってはいるのですが、どうすればよいかわかりません。

## このときの状態は？

【アルマジロ】すべてに対してあきらめモード、落ち込んでいる状態

〈自分との接し方のポイント〉
・自分を認めて、癒すことを第一優先に。
・「頑張ること」を完全に手放す。

ヨシキさんの最初の状態は【アルマジロ】でした。そこからしばらくして、【カメ】後ろ向きに悩んでいる状態になったことを確認し、悩みに向き合える状態になったことを確認してから、自信をつくることに取り組んでいきました。

**ヨシキさんの問題点**

□会議の場で話せなくなる
一対一のコミュニケーションであればできるはずなのに、大勢の前に立つと緊張して普段の自分ではなくなってしまう。

□常に人と比較して劣等感を感じてしまう
昔からの比較癖があり、誰かと何かと常に比較をすることで、自分自身の無価値観を強めてしまっている。

□何事にも自信が持てない
ネガティブ思考で、何をやるにも「自分には無理」と思って行動に移せない。

## 無意識に人と比較してしまい自信が持てないヨシキさんへの処方箋

**「自信を持たないで、自信の土台をつくる」**

### ヨシキさんに対して行ったことは２つ

ヨシキさんに対して行ったことは大きく２つです。
１つは「自信は持たなくてよい」と気づいてもらうこと。もう１つは「今あるものに気づくこと」です。

自信がなくて、あきらめの思いが強い人は、「自分には絶対に無理だ」「自分には能力がない」という「できない自分」に関してだけは、異常に自信を持っていることがあります。

自己否定をしている自分については、無意識は信じることができているというおかしな図式が成り立っているのです。

つまり、自信が本当にないのかというと、そういうわけではありません。乗り越える自信がないだけで、動かないことでブレーキをかけて自分自身を守っているともいえるのです。

（悩みのレベルが【ウサギ】【カメ】の人に関しては、ここまでの状況になっていないこともあります）

# 自信は持たなくてもよい

## 自信とは

そもそも「自信」とは、どのようなものでしょうか？

『広辞苑〈第七版〉』によれば、

―自信とは「自分の能力や価値を確信すること。自分の正しさを信じて疑わない心」

能力を信じる以外に、自分の「正しさ」を信じること―

と、書かれています。

できる人たちはこう言います。

「自信を持て」「大丈夫、絶対にできるよ」とか。

また、ある人はこんなことを言うかもしれません。

「自信なんてあとからついてくるから、まずは動け」と。

そして、動かなかったときに、「あなたは、自分の枠から出られない人だ」という人もいます。

しかし、悩みレベルが【アルマジロ】の状態になっている人は、そんな言葉を聞くと苦しくなってしまうのではないでしょうか。動けなくて自信をもつことができない人からすれば、このようなアドバイスは自分に対する否定を強めてしまいます。

「自信を持とう」「なんとか行動しよう」など無理に考えなくて大丈夫です。なぜならそれができなくて、今その状況になってしまっているからです。

例えるなら、体調を崩して食欲がない人に、無理やり焼肉を食べさせてパワーをつけさせようとしている感じです。まずはおかゆなどを食べることから始めて、調子を整えていきましょう。

## 調子を整えていくために　最初にやるべき簡単な方法

調子を整えていくために、最初にやるべき簡単な方法は「自信を持たなくてよい」という自信をつくる練習です。

「自信を持たないでよい」と自分に言って聞かせ、「自信を持たないこと」を受け入れていけば大丈夫です。そのためには、自分のどんな状態も「評価しない」ことを少しだけ意識してみましょう。

たとえば、「私が悪い」「私にはできない」「私には無理だ」と思ってしまう場合で説明します。

このように考える人は、無意識に何かと比べる思考パターンがある可能性があります。
・(相手はいいけど)私は悪い
・(周りはできるけど)私にはできない
・(周りは簡単なのに)私には無理
だから、自信がない。

また、過去の体験が強く影響している場合があります。
・(過去に悪いと言われたから)私は悪い
・(過去にできなかったから)私はできない
・(過去に無理だったから)私には無理
だから、自信がない。などです。

## 自信がないと思っていた正体はあなたがつくっている世界観

この場合は、無意識に過去の体験から「今」を決めつけています。「過去にそうだったから、今もこうなのだ」と思ってしまうのは、誰にでもよくあることです。もし仮に自分が当てはまったとしてもご安心ください。

このように自信がないと思っていた正体は、あなたがつくっている世界観です。周りの人は誰もそんな風には思っていないはずです。

## 「比べる」自分に気づくだけで楽になる

**どんな簡単ことでも、できていることに気づき、受け入れていく**

「比べる」自分に気づくだけで、また「比べない」ことを意識するだけで、自分のペースを大事にし、心が軽くなる人もいます。

私は私、人は人、また比べてくる人が周りにいたら、その人も比べてしまう人なのだと客観視していきましょう。

どうしても比べてしまう人は、過去の自分と比べてみて、自分の「ちょっとだけできたこと」に目を向けていきます。

たとえば、「今日も昨日の自分より気分が少しよくなれた」「昨日の自分より知識が増えた」「今日は昨日より体を動かした」など。

どんな簡単なことでもよいので1ミリでもやれていることがあったら、私のできていることに気づき、受け入れていきます。まったく、頑張らなくていいですし、無理矢理やる必要もないです。

## 「過去のとらわれ」に気づくだけで楽になる

### ダブルバインドといわれる状態になっていることも

無意識で過去の体験にとらわれて自信がなくなっている人は、自分がとらわれていることに気づくだけで楽になります。

特に、幼少期に家庭や学校で「ダブルバインド」といわれる状態で過ごすと、自信がなくなってしまうことがあります。大人になってから、職場などでもこの状態になっていることもあります。

### ダブルバインドとは

2つの矛盾したメッセージを出すことで、相手を混乱させる可能性のあるコミュニケーションのことを指します。

1つのメッセージと、もう1つのメッセージに矛盾が起きていて、どちらに従ったとしても相手を満足させられない状態をつくります。

統合失調症（精神疾患）を研究していた文化人類学者のグレゴリー・ベイトソンが発表した言葉

で、日本語では「二重拘束」という意味になります。
ダブルバインド理論では、のちに治療に役立つ側面も研究されますが、ここではベイトソンが最初に提唱した混乱をつくり出す側面について解説します。
具体例を示すと、次のとおりです。

**〈親子間のダブルバインド〉**

母「好きなお菓子を買っていいよ」
子「これが食べたい！」
母「え？　それ？　（突然顔色が変わり、すごく嫌な顔つきになる）」
子「これダメなの？」
母「（怒りをあらわにしながら）自分が好きなの買えばいいじゃない」
子「…（《好きなお菓子を選びたい》と《親の気持ちを考える》との間で、動けなくなる）」
父「おまえの人生だから、好きな道を選びなさい」
子「学校辞めて、音楽の道に進みたい！」
父「（厳しい顔になり。あからさまに機嫌が悪くなる）それで食っていけるのか？」

子「やってみないとわからない。だけど一度きりの人生だからチャレンジしてみたいんだよね」
父「(深いため息をつく)」
子「…(《好きな道に進む》と《親の思いを大切にする》との間で、動けなくなる)」

親は、自由を与える言葉をかけていながら、子どもの思いを聞いた途端、自分の考えを譲ることができなくなっています。つまり、自由と不自由という矛盾するメッセージを同時に投げています。

このような会話が繰り返されると、親を大事に思う気持ちが強い子供ほど、自分の意見が言えなくなったり、自分で自分のことが決められなくなったりし始めます。

そして、大人の世界でも、同じようなことが起きています。

**〈職場でのダブルバインド〉**

上司「どんな些細なことでも、みんなで共有してコミュニケーションをとっていこう」
部下「今日○○なことがあって…」
上司「(だんだん顔つきが変わり、あからさまにイライラしはじめる)」
部下「(《共有しなければいけない》と《上司の機嫌を伺おうとする》との間で、動けなくなる)」

上司は、部下に対して話をすることを促しているにも関わらず、話を聞いた途端、怒りをあらわにしはじめます。

…というのも、言語と非言語で行われるダブルバインドといえるでしょう。この状態は、部下に大きなストレスを与えます。

**ダブルバインドがあったのであれば、それに気づくこと**

これらは多かれ少なかれ、ほとんどの方に心当たりがあるのではないでしょうか。このダブルバインドのコミュニケーションが繰り返されると、相手をネガティブな気持ちにし、ひどくなると精神疾患のリスクを高めることもあるといわれます。

そうは言っても、ダブルバインドはほとんどが無意識に使われています。過去にダブルバインドの声がけをされてきた人は、まずはそれに気づくだけで大丈夫です。

そして、それをした親が悪い、上司が悪いと責める必要はありません。あなたを貶めようとして言ったわけではなく、元をたどれば、あなたに幸せになってほしい、よい関係を築きたいと思っていた中で出てきたコミュニケーションです。

まずは、過去にダブルバインドがあったのであれば、それに気づくこと。これからそのような場面に直面したら、振り回されないようにしましょう。

また、自分自身がダブルバインドで相手に対して混乱させるコミュニケーションをとらないように気を付けることも大切です。「気づく」ことが、自分を受け入れることにつながっていきます。

## 今、目の前にあるもので自信をつける

### ほんのわずかでもかまわないのでよい点を見つける

「自分に自信が持てない」と悩んでいる人は、無理に自信を持つ必要はありません。「今」に目を向けて、外の景色を見るようにしましょう。そうすることで、「今」の出来事に意識が向きます。過去の出来事、周りの目を意識することが薄らぐくらい、「今」の出来事に目を向けていきます。ポイントは、「今」の出来事のほんのわずかでもかまわないので、よい点を見つけることです。やってみると、これはとても面白いです。今のよい点を見つけることの結果が、未来になっていくからです。

## 自分を主体にして考える

### 自分を認めて治すことが第一優先

悩みレベルが【アルマジロ】の状態になっている人は、頑張らなければと自分を鼓舞してカウン

セリングを受ける…というのは、おすすめできません。

なぜなら、過去体験が原因で自信がなくなっている場合、カウンセラーによってはあなたの中にある原因だけを見て過去体験の内省をさせられる場合があるからです。

この場合、内省しても悩みが深くなるだけで、解決には向かいません。

あなたの状態を見て、あなたの考えを尊重する、信頼できるカウンセラーであれば問題ありませんが、あくまで主体は自分自身です。

悩みと向きあえる【カメ】の状態になるまでは、自分で自分を受け入れることに目を向けていきましょう。自分を認めて、癒すことが第一優先です。

出来事にいい・悪いもない、正しい・正しくないもありません。なぜなら、すべては誰かが勝手に意味づけしていることだからです。

自信がなくて苦しいときは、まずはフラットな状態になれるように整えていきましょう。

# 理想の状態をインストールする

## まずは自分を受け入れる状態になってから次のステップへ

悩みと向き合える【カメ】状態になったら、理想の状態を自分にインストールしていきます。

まだこの状態にない場合は、無理して取り組む必要はありません。まずは自分を受け入れられる状態になってから、こちらのステップに進むようにしましょう。

自分自身が望んでいることを既に叶えている人の考え方や行動などを真似する「モデリング」を行います。理想の人物になりきることで、自分自身の理想の状態をつくっていきましょう。

**〈モデリングのやり方〉**

①自分自身が、「こんな風になれたらいいな」と思うモデルとなる理想の人物を1人決めます。身近な人でもよいですし、アニメのキャラクターや歴史上の人物など、実在しない人でも大丈夫です。

②自分の目の前に理想のモデルがいるものとして想像してみます。

その人物はどのくらいの大きさで、どのような服装・髪型でしょうか。どのような姿勢で、どのような言葉を話し、どのように振る舞い、行動をしているでしょうか？

また、どのような役割を担っていて、何を大切にしているでしょうか？　具体的に想像します。

③自分の目の前の理想のモデルの中に入ってみます。

着ぐるみを着るようなつもりで、その人の中に入って、まるでその人になったかのように振る舞ってみましょう。その人物だったら、どんな姿勢をとり、どんな行動をとり、どのようなことを考え、話すでしょうか。実際に動いて、自分の体で感じてみます。

仕事をするとき、人前で話すとき、あの人だったらどのような行動・振る舞いをするかな…という ことを想像し、モデリングすることで、理想の状態をインストールできます。

ヨシキさんの場合は、人前に立つとき、スティーブ・ジョブズ氏をモデリングして話すようにしました。実際に、ジョブズ氏の話している動画を繰り返し見て、著書を読み、その価値観をしっかりインストールしました。繰り返し練習したことで、人前で緊張することがほとんどなくなったそうです。

## 第５章まとめ・実践のヒント

「自信を持たないで、自信の土台をつくる」
【実践】
今の自分のよい点を見つける
過去の自分と比べて1ミリでもよくなっている点を見つける
モデリングで理想の自分をインストールする

## 今の自分のよい点を見つける

【実践】

Q　今の自分のよい点は何ですか？　どんな小さなことでもよいので書き出します。

Q　過去の自分と比べてよくなっている点は何ですか？　どんな小さなことでもよいので、書き出します。

**理想の自分をインストールする**　※前向きな思考が出てきてから行います。

【実践】

Q　自分自身が理想とする人物がいたとしたら、それは誰ですか？

Q　理想とする人物のどのような部分を自分にインストールしたいですか？

Q　理想とする人物は、どのような価値観を大切にしていますか？

その人物が目の前にいるものとして想像し、着ぐるみを着るようなつもりで、その人の中に入って、まるでその人になったかのように振る舞ってみましょう。

その人物だったら、どんな姿勢をとり、どんな行動をとり、どのようなことを考え、話すでしょうか。Ａの状況におかれたときに、どんな姿勢をとり、どんな行動をとり、どのようなことを考え、話すか。Ｂの状況におかれたときは、どのようになるかなど。実際に動いて、自分の体で感じてみます。

これを繰り返し実践し、仕事や日常生活、人前で話すときなど、必要に応じて理想の人物を真似して振舞ってみましょう。

# 第6章

# 生きることが
# もっと楽しくなる
# 8つの習慣

## 生きることが楽しくなる8つの習慣

ここまで、さまざまなクライアントさんの事例をご紹介しながら、心を軽くする方法をお伝えしてきました。悩みのレベルや内容によって対処法は変わってきますが、この章ではすべての人におすすめしたい、生きることが楽しくなる習慣を8つご紹介します。1つでも2つでもOKです。気軽に取り組めるものや、できそうだと思うことをぜひ取り入れてみてください。

①生きることを「頑張らない」と楽しくなる
②自分で優劣をつけない
③今、目で見えるものを楽しんでみる
④心の声に従うと楽しくなる
⑤「好きな心の状態」をつくっておく
⑥不意に辛くなったときに対処できる簡単な方法
⑦小さな感謝を増やしていく
⑧私だけの「魔法の言葉」のつくり方

## ①生きることを「頑張らない」と楽しくなる

### 自分を楽しませてあげる時間、自分をごきげんにしてあげる時間を増やそう

「頑張って！」

「頑張ります！」

「今日も頑張っていこう！」

「頑張る」というのは、日常的によく交わされる会話です。

そもそも「頑張る」とは、どのようなものでしょうか？

辞書で調べると、

—①我意を張り通す。「まちがいないと—・る」②どこまでも忍耐して努力する。「成功するまで—・る」③ある場所を占めて動かない。「入口で—・る」—

と、書かれています。


努力することは素晴らしいことです。しかし、「心の病」が労災認定されるようになった近年では、心の病を患っている人やひどく疲れている人に「頑張れ！」と声をかけるのは、避けたほうがよい

という風潮も出てきています。

「頑張る」という言葉が好きという人はよいのですが、この言葉を聞くとプレッシャーを感じてしまう、疲れてしまう、辛くなってしまう…などという人は「頑張る」ということを手放すのをおすすめします。

「どこまでも忍耐して努力する」必要はありません。手を抜いてもいいし、サボってもいいです。休憩してもＯＫ。

自分の気持ちを抑え込んで頑張りすぎてしまうと、肉体的にも精神的にもダメージを受けて、どこかで壊れてしまいます。

頑張らないと怠けているように感じてしまう、甘えていると感じてしまう。このように考えてしまう人もいるかもしれませんが、そんなことはありません。まずは、自分を苦しめる頑張りをやめてみるということです。

その代わりに、自分を心地よくする時間、自分を楽しませてあげる時間、自分をごきげんにしてあげる時間を増やしていきましょう。休憩することや、何もしないでダラダラするという時間も、自分を労わってあげる大切な充電の時間です。

人間は本来好きなことであれば、頑張らなくてもできることが多いです。生きるのを「頑張る」のではなく生きるのを「楽しむ」ことに意識を向けてみてください。

## ②自分で優劣をつけない

「あの人と比べて自分は劣っている」

「あの人の行動は間違っている」

「私はみんなと違って○○だから上手くいかない」

など。自分や人との「違い」に対して、無意識にジャッジをしてしまうことはないでしょうか。

辞書で「違い」の意味を確認すると、

——①誤り、間違い、勘違い、正しくない　②異なること——

と、書かれています。


前者の「違い」は、正しいことに対して間違っているという意味合いが含まれます。

しかし、後者の「違い」は、異なっていることなので、前提として正しい・間違っているというジャッジは含まれていません。

人間は百人いれば百通りの個性があります。自分と他人を比較したら「違い」だらけです。

その「違い」に対して、無意識でジャッジをして優劣をつけてないでしょうか。「違い」を受け入れることができないと、自分を受け入れることができず、自己評価がどんどん低くなってしまいます。また、他人に対しても許せないことが増えてしまい、人間関係の摩擦も起きやすくなってしまいます。

国際的に活躍するNLP共同開発者であるロバート・ディルツ氏の言葉に『違いを生み出す違い』という言葉があります。原文から調べていくと『差異を生み出す差異』とも訳せます。

「違い」に対して、優れている・劣っている、正しい・間違っているなどと考えるのではなく、「差異」だけに注目すること。

たとえば、憧れている人や尊敬する人がいた場合、その人と自分の「差異」を観察してみましょう。もし「違いを生み出している違い」を見つけることができたなら、そこを真似して取り入れてみましょう。観察すべきは「差異」のみで、そこに優劣のジャッジは入れません。

家族、友人、職場の人などから想定外のことを言われたりされたときも同様です。「そんなことを言うなんて許せない！」「この人の行動は間違っている！」などと相手を責めたり、自分を責めたりすることもできますが、ここでも「差異」を観察します。自分とは異なる立場にいて、異なる価値観で行動しているという「差異」を受け入れてみましょう。

『間違いではない、異なっているだけ』

ということが意識できると、自分との付き合い方も、周囲との付き合い方も楽になっていくはずですよ。

## ③今、目で見えるものを楽しんでみる

### 小さなワクワクがあなたの未来をつくっていく

「今、目で見えるものを楽しんでください」と言うと「え、見えるものをちゃんと楽しんでいますよ！」という方がほとんどですが、本当に楽しめているでしょうか？

たとえば、ランチタイムにスマホを見ながら、テレビを見ながら食事をしていないでしょうか？旅行先できれいな景色を見たときに、ＳＮＳ映えする写真を撮ることに必死になっていないでしょうか？

忙しい現代社会は、物事を取り組むときにマルチタスク、複数のことを同時に行うことが増えています。音楽を聴きながら作業する、誰かと話しながら仕事をするなどです。しかし、人間の脳は本来シングルタスクを得意としているため、一度に複数のことを行うと疲れてしまいます。

時間を忘れてもくもくと作業をしていたら、時間が過ぎるのを忘れていたという経験はないでしょうか？

たとえば、夢中でスポーツに取り組んでいたり、ゲームに没頭していたり、気の合う友達とおしゃ

べりしたり。このようなシングルタスクで何かに集中した後は、不思議と気持ちがスッキリしていることも多いはずです。

状況的にマルチタスクで進めなければいけないこともありますが、リラックスできる時間では、目の前に見えるものだけに意識を向けて楽しむようにしてみましょう。

例えば、食事をしているときは、目の前の食べ物に意識を集中してみましょう。

白ごはんを食べる場合なら、お米の一粒一粒を観察します。色、つや、形、箸でつかんだときの感触、重さ、口に運んで咀嚼したときにどのような味がする。自分の意識を白ごはんに向けて食べることで、いつもと全く違う感覚を味わえるはずです。

外出したときは、目の前の景色にすべての意識を向けて楽しんでみてください。

空を見上げて空の色を感じてみましょう。雲の動きを眺めたり、街の景色を細部にわたって観察したり、目の前に咲いているお花の色、形を見たり。そうすることで「今」見えているものに意識が向いてきます。

そして、外から聞こえる音に耳を澄ませてみます。

鳥の鳴き声、車の走る音、足音、風の音、少し意識するだけで「今」の音が聞こえてくるでしょう。

また今、身体の感覚に少し意識を向けます。

太陽の暖かさ、風の冷たさ、足元の地面の硬さなど。さらに、香りにも意識を向けると、より「今」

の感覚を楽しむことができます。

それができたら「今」、目の前の出来事のワクワクすることを見つけてみます。ほんのわずかなことでよいです。今の小さなワクワクが、あなたの未来をつくっていきますよ。

## ④心の声に従うと楽しくなる

### 自分自身を大切に扱うことにつながる

「心の声に従う」と言われてもピンとこない人もいるかもしれません。

人は生きている間にたくさんの「常識」を身につけてきました。大きい会社がいいとか、結婚はしたほうがいいとか、世間的にはこっちのほうがいいかも…というような、つくられた価値観に合わせた選択をしてきた人もいるのではないでしょうか。

頭で考えて行動していることと、心の声が別々になってしまう人もいるかと思います。

しかし、「本当は○○がしたい」という心の声を無視してやりたいことを我慢すると、少しずつストレスが蓄積されていきます。すると、心の声を無視した分だけ気持ちが沈み、満たされない思いが大きくなっていくでしょう。

自分が満たされていないと、他人に対しても批判的になったり、イライラしたり。このような状態で生活していたら、仕事も家庭もうまくいかなくなってしまいます。

「心の声に従う」というのは、ワガママではありません。

・疲れているけど、家事をやらなきゃいけない…
↓疲れているなら、手抜きをしていい。
・辛いけど、生活のために働かなければいけない…
↓辛いなら辞めて、別の仕事を探せばいい。
・旅行に行きたいけど、仕事が忙しくて時間がない
↓思い切って行って、リフレッシュしたら、仕事もはかどるはず。

心の声に従って、やりたいことをやったほうが、自分の心が満たされて元気になり、結果としてよい循環ができていきます。

ランチを食べるときにAにするかBにするか、友達から誘われた飲み会に行きたいか・行きたくないか、など。まずは、毎日の小さな選択を心の声に従うようにすることでトレーニングをしていきましょう。

心の声に従うことは、自分自身を大切に扱うことにつながります。自分の心を満たしてあげることができるから、毎日が楽しく充実していきますよ。

# ⑤「好きな心の状態」をつくっておく

**上手に行うコツは自分だけの時間を過ごすとき感情・感覚をしっかり味わい尽くすこと**

あなたは、何をしているときに心地よさを感じますか？　「好きな心の状態」はどのようなものですか？

たとえば、お気に入りのカフェの窓際の席でコーヒーを飲んでいる時間。1日の仕事を終えて、お風呂で湯船につかっている時間。大好きな友人と他愛もない話をしている時間。子どもを寝かしつけてその寝顔を見ている時間、など。人によってシュチュエーションは異なりますが、自分だけの好きな時間がきっとあるはずです。

その好きな時間に、あなたの心の状態はどのようになっていますか？　心が緩まる、リラックスできる、内側からじんわり温かさがこみあげてくる、など。言葉に表すのが難しいかもしれませんが、きっと「好きな心の状態」を味わっているはずです。

心が疲れたときに、意識して自分だけの好きな時間を過ごすアクションをするのがおすすめですが、時間や環境の問題でそれができないときもありますよね。そんなときは「好きな心の状態」を思い出して、味わうようにしてみてください。

イライラしているとき、焦っているとき、悲しいときなど、心がネガティブな状態になっているときに、「好きな心の状態」を思い出し、上書きするのです。

上手に行うコツは、自分だけの好きな時間を過ごしているときに、その感情・感覚をしっかりと味わい尽くすことです。

そして、その気持ちを味わっているときにするポーズを決めておきましょう。胸に手を当てる、上を向いて目を閉じる、両手をつなぐなど、どのようなものでもＯＫ。

ネガティブな気持ちになったときに、そのときのポーズを行うことで、私だけの「好きな心の状態」を思い出して、心を落ち着けることができますよ。

## ⑥不意に辛くなったときに対処できる簡単な方法

### 今に目を向けること

１人でいるとき、家族といるとき、仕事をしているときなど、日常生活をしている中で不意に辛くなってしまうときはないでしょうか。

辛くなるときは、ほとんどが過去の失敗などのネガティブな出来事を思い出しているとき。または、未来の不安を感じているときです。つまり、「今」に集中ができていないときに、不安を感じたり、辛くなったりしやすくなります。

たとえば、パートナーと口論になったときに、

過去「前にも同じことを言ったのに、全然聞いてくれない」

未来「これから先もこの人と一緒にいて大丈夫かな」など。

たとえば、仕事がなかなか終わらないときに、

過去「○○さんから横やりが入ったせいで、時間が足りなくなってしまった」

未来「納期が守れなくて、上司に怒られてしまうかも」など。

たとえば、1人で考えごとをしているときに、

過去「○○さんが言っていた言葉は私に対する当てつけだったのかな」

未来「貯金ないし、安月給だし、老後の生活は大丈夫かな」など。

人はいつも頭の中で忙しくさまざまなおしゃべりをしています。しかし、目の前のことをこなしながら、同時に過去の記憶を思い出したり、未来のことを考えたりすると、頭の中は大忙しになってしまいます。

最初のきっかけとなる不安はささいな出来事だったはずなのに、ネガティブな感情を雪だるまを大きくするかのように自分の頭の中で巨大化させてしまっていることはないでしょうか。

ただでさえマルチタスクが苦手な脳が、過去や未来のネガティブな感情を膨らませてしまうと、大きなストレスがかかってしまいます。

そんなときにおすすめの方法は、「今」に目を向けることです。

ひたすら「今」だけに自分のエネルギーを使うようにしましょう。まだ起きていない未来に対して不安を抱いても、問題は解決しません。過去の出来事はすでに過ぎ去ったことですし、憶測を膨らませたところで真実はわかりません。そのため、とにかく「今」に目を向け、この時間に集中します。

どうしても気持ちが逸れてしまうようなら「今」「今」「今」…とつぶやいて、今に集中するのもおすすめです。「今」に集中すると、辛い・不安などの悩みは自然と消えていきますよ。

## ⑦小さな感謝を増やしていく

### もし可能であれば紙に書き出すことがおすすめ

普段何気なく使っている「ありがとう」の言葉ですが、反対の言葉は「当たり前」です。

やってもらうことが当たり前、こうすることが当たり前など、「当たり前」が多くなってくると、感謝できることが減ってしまい、幸せを感じにくくなってしまいます。

人は生活の中で「もっと、もっと」とさらに上を目指していきたくなる傾向があります。しかし、今ある自分を認めて現状に感謝する気持ちがないと、永遠に幸せを感じられません。どれだけ収入が増えても、よいモノを身につけても、勉強や仕事ができるようになっても、ステキな人と結婚しても、現状に感謝できないと、周りの誰かと、何かと比較して「もっと、もっと」を終わりになく続けてしまうことになるでしょう。

周りとの比較に目を向け過ぎることなく、現在の自分や置かれている環境、近くにいる大切な人に感謝をすること。「当たり前」だと思うことに対しても、改めて感謝の気持ちを持つことで、幸せを感じることができるようになります。

本書を読むことができる目があること、雨風をしのげる家があること、食事を食べられること、家族がいること、友人がいること、など。すべては当たり前ではなく、感謝できることです。日常生活で、誰かに何かをしてもらったときも、感謝の気持ちをしっかり伝えていきましょう。

私自身も、28日間意識的に感謝を増やすとどうなるのか試したことがあります。その日に起きた感謝できることを書きだしたり、何に感謝をするかのテーマを決めて取り組んでみたり。人だけでなく、食べ物や自分の体のパーツ１つひとつにも感謝をしていきました。

実践してみた結果は、感謝を２～３日続けたところで日常のちょっとしたイライラや不安が消えていきました。

1週間以上続けると、物事の捉え方が変わってきました。すべての出来事を感謝のフィルターを通して受け取れるようになったのです。その結果として、人間関係がよくなりました。ネガティブな形で人と関わることがなくなり、よい人との巡り合わせが何度も起きました。よい人というのは、自分の仕事で、これからやりたいことを実現するために出会いたかった人。もしかしたら、今後の人生に大きく関わるかも知れない方々です。


意識的に心の中で小さな感謝を増やすだけでも効果はありますが、もし可能であれば紙に書き出すことをおすすめします。

毎晩、寝る前などに今日あった感謝できることを書き出し、視覚から改めて眺めることで、感謝がより大きくなります。また、気持ちよい気分で寝付くこともできて、一石二鳥ですよ。

## ⑧「魔法の言葉」のつくり方

**願望の形ではなく　すでに実現した状態で自分に語りかけることがポイント**

「プラシーボ効果」という言葉を聞いたことはあるでしょうか。

実際には有効な成分が入っていない薬でも「これは○○に効く薬です」と言われて信じて飲むと、効果が出てしまうというものです。これによって、心は体にまで影響を及ぼすということがわかっています。

たとえば、目の前に新鮮なレモンがあることを想像してみてください。鮮やかな黄色のレモンを包丁でスパッと2つに割ると、レモンの果汁が切り口から溢れてきます。その溢れたレモン果汁を想像するだけで、唾液が出てくるのではないでしょうか。

脳は、現実に起きていることとイメージしていることの区別が上手くできません。

それを活用し、意識的に自分の理想的な状態を刷り込む自己暗示に「アファメーション」というものがあります。

イチロー選手が小学校の卒業文集で「一流のプロ野球選手になる」と書いていたのは有名な話です。

明確な目標や夢がある方は、それを言葉にしていくとよいでしょう。

上手くいっている自分をイメージし、脳内で体験することで、理想的な状況に近づく行動を選択しやすくなります。

目標や夢がなくても、日々を心地よく過ごすために、自分自身が元気になれる「魔法の言葉」をつくることをおすすめします。

つくるときは、次の3つを意識するとより効果があがります。

**願望の形ではなく「すでに実現した状態」で自分に語りかける**

× 仕事で評価されて給料が上がりますように
○ 仕事で評価されて給料が上がります

「○○になりますように」「○○になりたい」という言葉は、今の自分が目指すべき理想の状態ではないことを示してしまいます。

魔法の言葉は、理想の状態が既に叶っているものとしてつくっていきましょう。

**主語が「私」になるものにする**

× 夫が私に対して優しくなります
○ 私は夫とよい関係が築けています

自分のことは変えることができますが、他人を変えることはできません。

自分以外の誰かを主語にしてしまうと、そのために自分はどうすべきかを考えられなくなってしまいます。

理想の状態に対して、自分はどうすべきか、どうあるべきかを考えられるように、主語は自分でつくっていきましょう。

**ポジティブな言葉でつくる**

×　病気にかからない体をつくる
○　健康な体をつくる

「病気にならないようにする」「バカにされないようにする」など、否定形の言葉は、いったん脳内で「病気」や「バカにされる」を意識してしまいます。
スムーズに脳に理想の状態をインプットさせるためにも、ポジティブな言葉でつくるようにしましょう。

「今日はとてもよいことが起こる」、「今日は、すごく楽しい１日になる」「今日は仕事がはかどって大きな達成感を味わえる」など。
１日の始めに、自分が元気になる「魔法の言葉」をつくって、声に出して自分自身に語りかけると、ポジティブなアンテナが立ってストレスを感じにくくなるはず。気持ちよい１日を過ごせるようになりますよ。

## おわりに

いかがだったでしょうか。

本書では、クライアントさんの日常で起こっているさまざまな実例から、実践的で効果のある方法をお伝えいたしました。

私の個人セッションでは、1回あたり90分~5時間かけて、1人ひとりにじっくり向き合っています。これまで8年間、のべ1万人以上の相談にのり、本当に効果があったものだけをお伝えしています。

今回のケースに該当していなくても似たようなケースでしたら対応できるものとして書いています。つらい悩みを抱えている方や、生きづらさを感じている方は、ぜひ試してみてください。

世の中には心理セラピーに関してたくさんの書籍が出ていますが、ここでは専門書に書かれている理論などの説明はなるべく省きました。なぜなら、私が1万人以上の相談にのってきた中で、どれひとつとして同じ悩みはないからです。

毎回、クライアントさんに合わせて行うため、その人にとって唯一無二のセッションになるのです。1人ひとり異なる環境、性格、悩みを抱えている中で、決められたやり方を当てはめて解決できるものではありません。

これが効果を生み出す最大の秘訣です。

本書のケースを参考にしながら試していただき、心が楽になる方法、頭の中がすっきりする方法、体がリラックスできる方法を見つけてみてください。

自分自身の心の声に耳を傾け、自分にピッタリのセルフセラピーを見つけて、活用していってほしいです。


今回の心を軽くするための心理セラピーのベースになっているのは、現在私が行っている心理セラピーの手法です。

これは、ＮＬＰ心理学とコーチング、カウンセリング、心理セラピー、ヒプノセラピーを織り交ぜたオリジナルの方法。このセラピーでは、何よりも「クライアントさんがどのような状態になっているか」が最も大切です。どのような手法で行うかではなく、クライアントさんにとって何が一番適切かという視点で行っています。


長期にわたってセッションを受けられる方も多数います。

心の悩みが非常に大きく、生きることが辛い状態だったクライアントさんから「今では、どうしてあんなに悩んでいたのかがわからない」、「自分のことを自分でコントロールできるようになった」、「毎日が楽しくて仕方ない」という言葉をいただくこともあります。

セッションを繰り返すことで、体調がよくなり、リラックスできて、心が上向きに。体が動き出し、視野が広がっていくそうです。

私にとって最も大切なのは、クライアントさんが望ましい状態になること。そのためのサポートをしていくことです。

私が使っているNLP心理学、コーチング、カウンセリング、心理セラピー、ヒプノセラピーは、そのための手段です。手段として活用しながら、日々その精度を上げるための努力を続けています。

心理セラピストとは、人の心を扱う職業。

たった一言がクライアントさんの心に影響を与え、クライアントさんの人生にまで影響を与えると言っても過言ではありません。そのような職業だからこそ、自分自身が誰よりも心理セラピーの可能性を研究し、過去の概念や理論でつくられたものだけに頼らず、この時代に最も合った心理セラピーを探求し続けています。

コロナ禍で、メンタルに悩みを抱える方の相談が増えてきました。

たくさんの方にセルフセラピーの方法を届けたい。たくさんの方の心のケアに力を入れて行きたい。そう考えている中で、1人でできることに限界を感じ始めました。2022年春からは、今後の未来を担うカウンセラーや心理セラピストの育成にも力を入れています。

私が多くのクライアントさんと向き合ってきたからこそわかる経験を、これからのカウンセラーや心理セラピストに伝えています。

コーチ、カウンセラー、セラピストのスキルに役立つだけでなく、悩みを抱えて苦しむ人を助け、心豊かで望ましい人生を送れる人を増やし、みなさんの心のケアに貢献したいと考えています。

最後になりましたが、本書を書くにあたって、NLPトレーナーの仲間でもある三輪田理恵氏、またダブルバインドの専門家である鴨林由明氏に大変感謝しています。

本書出版をサポートしていただいたイープランニングの須賀柾昌さん、セルバ出版の森社長には大変お世話になりました。

そして、何より妻と両親と姉の支えがあったことで、本書を書くことができています。

最後まで読んでいただき、ありがとうございました。

みなさまに、心より御礼申し上げます。

浅野　高広

## 著者略歴

# 淺野 高広（あさの　たかひろ）

NLP 心理セラピスト・アカデミー代表
全米 NLP 協会公認 NLP トレーナー、ヒプノセラピスト、心理セラピスト
株式会社アブラクサス代表、演劇の企画・プロデューサー。
心理セラピスト、カウンセラー、コーチ向けに、心理学を活かした上級のスキルを提供する『NLP 心理セラピスト養成講座』を開催。
講師８年間 2500 回以上の実践経験を活かして、現在も企業及び個人の心理セラピー・コーチングを行っている。

・お問い合わせはこちら
TEL 03-6869-1455
asano@nlp-therapist.com
HP　https://nlp-therapist.com/

・体験セミナーはこちら
https://nlp-therapist.com/ad2/

HP：QR コード　　体験セミナー：QR コード

## どんな人でも心が軽くなる処方箋

2023年６月5日　初版発行

著　者　淺野　高広　© Takahiro Asano

発行人　森　　忠順

発行所　株式会社 セルバ出版
〒 113-0034
東京都文京区湯島１丁目 12 番６号 高関ビル５Ｂ
☎ 03（5812）1178　　FAX 03（5812）1188
https://seluba.co.jp/

発　売　株式会社 三省堂書店／創英社
〒 101-0051
東京都千代田区神田神保町１丁目１番地
☎ 03（3291）2295　　FAX 03（3292）7687

印刷・製本　株式会社 丸井工文社



Printed in JAPAN
ISBN978-4-86367-814-9